신응수 (1942~)

땔감 나무를 찾아 올라간 산에서
아름드리 소나무에 마음을 빼앗기던 산골 소년은
훗날 우리나라 최고의 대목장이 되었다.
평생을 나무와 하나 되어
우리 전통 건축에 바친 그의 투박한 손길은
숭례문의 불탄 흔적을 씻어 내고
우리의 눈물을 닦아 주고
마침내 새 천 년의 희망을 활짝 열었다.

대목장 신응수
숭례문의 새 천 년을
열다

세상을 바꾼 작은 씨앗 12

**대목장 신응수
숭례문의 새천년을 열다**

1판 1쇄 찍은날 2013년 1월 4일
1판 1쇄 펴낸날 2013년 1월 10일

글쓴이 | 안선모
그린이 | 홍선주
펴낸이 | 정종호
펴낸곳 | (주)청어람미디어

책임편집 | 조은미
편집 | 김희정 윤숙형 정미진 맹한승
디자인 | 기민주
마케팅 | 김홍석 오대웅
제작·관리 | 정수진
인쇄·제본 | 한영문화사

등록 | 1998년 12월 8일 제22-1469호
주소 | 121-895 서울 마포구 서교동 400-3 아산빌딩
이메일 | chungaram@naver.com
카페 | http://cafe.naver.com/chungaram01
전화 | 02-3143-4006~8
팩스 | 02-3143-4003

ⓒ 안선모, 홍선주 2013

ISBN 978-89-97162-34-5 74810
      978-89-97162-23-9 (세트)
잘못된 책은 구입하신 서점에서 바꾸어 드립니다.
값은 뒤표지에 있습니다.

이 도서의 국립중앙도서관 출판시도서목록(CIP)은 e-CIP 홈페이지(http://www.nl.go.kr/ecip)와 국가자료공동목록시스템(http://www.nl.go.kr/kolisnet)에서 이용하실 수 있습니다.
(CIP제어번호 : CIP2012006133)

대목장 신응수
숭례문의 새 천 년을
열다

글쓴이 안선모 | 그린이 홍선주

청어람미디어

| 작가의 말 |

노력과 끈기로 최고의 목수가 된
신응수 대목장님을 만나다

　꿈이 없었던 산골 소년 신응수는 손에 느껴지는 나무의 촉감이 좋아 목수가 되었어요. 이왕 목수가 될 바엔 큰 목수가 되자 결심하고 묵묵히 기초를 다져 나갔지요. 이때 훌륭하신 두 분의 스승도 만나게 되어 그의 꿈은 단단하게 여물어 갔어요.

　타고난 성품(성실+인내+끈기)과 훌륭한 스승과의 만남, 그리고 전통 건축에 대한 사명감! 이 세 가지가 어우러져 그의 투박한 두 손에서 우리나라의 멋진 건물(한옥, 궁궐, 사찰)들이 새롭게 태어날 수 있었어요.

　이 책을 쓰기 위해 숭례문 복구 공사 중이시던 신응수 대목장님을 만나러 간 적이 있어요. 최고의 궁궐 목수인데도 신응수 대목장님은 온화하고 겸손했어요. 마치 이웃집 아저씨 같은 느낌이었지요. 문화재를 복원할 때마다 옳다고 생각하면 소신을 굽히지 않고 밀고 나간 왕소나무 같은 뚝심도 느껴졌어요. 먼 후대 자손들에게 물려준다는 마음으로 궁궐을 짓는다는 그분의 말씀에는 고건축의 철학이 가득 배어 있었어요.

신응수 대목장님은 집보다는 궁궐과 사찰에서 보낸 시간이 훨씬 많았어요. 우리나라 대형 복원 사업 중 신응수 대목장님의 손을 거치지 않은 것이 거의 없을 정도예요. 어떤 일에 최고가 된다는 건, 자신의 시간과 노력과 열정을 아낌없이 바칠 수 있어야 한다는 뜻이기도 해요.

어린이 여러분! 저는 딱 한 가지만 말하고 싶어요. 꿈을 이루기 위해서는 재능이 필수 조건이 아니라는 것, 지식이 필수 조건이 아니라는 것. 가장 필요한 건 '노력과 끈기'라는 것! 어린이 여러분이 이 책을 읽고 '노력과 끈기'라는 씨앗을 가슴 속에 품어 갔으면 해요.

2013년 1월 산모퉁이 들녘에서, 안선모

| 차례 |

작가의 말 4

숭례문의 눈물 8

공부가 제일 쉬웠던 시골 소년 17

꿈을 안고 서울로 29

정신없는 서울 생활 42

목수의 길 56

첫 번째 스승과의 만남 68

스승의 스승을 만나다 77

스물아홉 살 부편수 92

세 번 눈물을 흘리다 102

'까칠한 도편수'라는 별명 112

다시 우뚝 선 숭례문 122

더 알고 싶어요 130

1 신응수 대목장님의 삶을 돌아보았어요
2 신응수 대목장님을 만났어요
3 국보 1호 숭례문에 대해 알고 싶어요

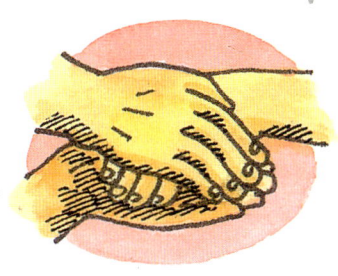

숭례문의 눈물

"숭례문에 불이 났대요, 불!"

어두워진 거리 여기저기서 수런대는 소리가 들려왔습니다. 신응수 대목장*의 귀가 번쩍 뜨였어요.

'숭례문에 불이 났다고? 아마도 내가 잘못 들었을 거야.'

신응수 대목장은 고개를 설레설레 저으며 중얼거렸어요. 일과를 마치고 휴식을 취하고 있던 참이었습니다. 1991년 시작한 경복궁 복원 공사도 어느덧 17년을 훌쩍 넘기고 있었어요. 경복궁 복원 공사는 막대한 돈과 시간과 인력이 들어가는 중요한 공사였습니다.

*큰 규모의 건축 일을 책임지고 감독하는 목수들의 우두머리. 목수 중에서 궁궐이나 사찰 등 큰 집을 짓는 사람을 대목이라 하고, 대목 분야의 총책임자를 도편수 또는 대목장이라 부름

"헉헉. 대목장님, 숭례문이 불타고 있어요!"

멀리서 제자 몇 명이 달려오면서 외쳤어요. 그 말에 신응수 대목장의 가슴이 철렁 내려앉았어요. 온몸이 전기에 감전이라도 된 듯 푸르르 떨렸습니다.

'말도 안 돼! 어떻게 그런 일이……..'

너무 놀라 두 다리의 힘이 쭉 빠졌습니다. 순간 온몸이 휘청거리더니 눈앞이 캄캄해졌지요.

"당장 가 봐야겠어. 내 눈으로 확인하지 않고는 도저히 믿을 수가 없어."

주위에 있던 제자들이 걱정스러운 듯 말했어요.

"대목장님, 가실 수 있겠어요?"

신응수 대목장 일행은 황급히 숭례문 쪽으로 차를 몰았습니다. 이미 숭례문 쪽으로 가는 길은 자동차들과 사람들로 꽉 막혀 오도 가도 못할 지경이었습니다. 공기 중에 가득 찬 매캐한 연기 냄새가 코를 찔렀어요. 신응수 대목장은 골목에 차가 서자마자 숭례문 쪽을 향해 달려갔습니다.

"아!"

눈앞의 광경에 신응수 대목장의 입에서 짧은 탄식 소리가 터져 나왔어요. 도저히 믿을 수 없는 일이 바로 눈앞에서 벌어지고 있었습니다. 이미 불길은 숭례문 2층 지붕 속으로 번져 사방에서 연기가 피어오르고 있었어요.

"아이고, 저걸 어째!"

"저런, 저런!"

안타까운 목소리가 여기저기에서 들려왔어요.

"불길을 빨리 잡아야 할 텐데."

"목조 건물이라서 불길 잡기가 쉽지는 않을 거야."

"빨리 불길이 잡히도록 다 같이 힘을 모읍시다."
개미 떼처럼 모여든 사람들은 한마음으로 간절히 불이 꺼지기를 기도했습니다.

때는 2008년 2월 10일, 몹시도 추운 겨울날이었습니다. 불길은 잡힐 듯 잡힐 듯 숨바꼭질하며 온 국민의 마음을 안타깝게 했어요.

소방대원들은 사방에서 물대포를 쏘아 댔습니다. 하지만 곧 2층 누각˚ 전체에 불이 붙었고, 자정을 넘긴 후에도 불길은 잡히지 않았어요. 불붙은 기와가 겨울밤의 정적을 깨며 투둑투둑 떨어졌습니다.

신응수 대목장은 그 자리에 얼어붙은 듯 꼼짝도 하지 않고 그 모습을 지켜보았습니다. 마음속으로는 얼른 불길이 잡히기를 빌고 또 빌었지요.

하지만 기적은 일어나지 않았어요. 순식간에 불길이 치솟았고 2층 누각은 불길 속에 무너져 내렸습니다. 불은 5시간 정도 지나서야 겨우 꺼졌습니다.

'아, 이럴 수가! 우리나라 국보 1호가 이렇게 허무하게 불타 버리다니…….'

˚사방을 바라볼 수 있도록 문과 벽이 없이 다락처럼 지은 집

사람들의 흐느끼는 소리가 들려왔어요. 그 흐느낌이 신호탄이라도 되는 듯, 곳곳에서 울음소리가 터져 나왔습니다. 그 자리에 선 채 눈물을 뚝뚝 흘리는 사람도 있었고, 차가운 도로에 주저앉아 엉엉 우는 사람도 있었습니다.

'지켜 주지 못해 미안하구나.'

신응수 대목장의 두 눈에서도 하염없이 눈물이 흘렀습니다.

희끄무레하게 날이 밝자, 처참한 숭례문의 모습이 드러났습니다. 새카맣게 타 뼈대만 남은 숭례문의 모습을 보자 신응수 대목장은 풀썩 그 자리에 주저앉았어요. 참았던 울음이 북받쳐 올랐습니다.

꺼억꺼억.

조용한 새벽을 가르며 신응수 대목장의 울음소리가 퍼져 나갔습니다. 불을 끄려고 뿌린 물이 하얀 고드름 기둥이 되어 달려 있었습니다.

'숭례문도 우리처럼 눈물을 흘리고 있구나. 눈물을 흘리고

있어!'

숭례문은 빛깔은 바랬지만, 수백 년 이어진 비바람에도 끄떡없이 서서 우리나라 서울을 지켜 주었습니다. 그랬던 국보 1호 숭례문이 이렇게 어처구니없이 불타 버린 것이었어요.

신응수 대목장은 눈을 감고 사라진 숭례문의 모습을 떠올려 보았어요. 그러자 48년 전 두 스승과 함께 숭례문 중수˙ 작업을 하던 때의 일이 하나둘 떠올랐습니다. 젊은 신응수의 가슴을 뛰게 했던 숭례문이었습니다. 신응수 대목장이 최고의 목수를 꿈꿨던 자리이기도 했습니다.

"스승님, 숭례문의 처참한 모습을 보고 계십니까?"

신응수 대목장은 차가운 겨울 하늘을 바라보며 울부짖었어요. 몸이 타는 듯한 고통이 찌르르 전율을 일으키며 지나갔습니다.

'그렇게 주저앉아 절망에 빠져 있을 때가 아니지 않으냐?'

˙건축물의 낡고 헌 것을 손질하며 고침

어디선가 두 스승의 목소리가 들리는 듯했어요.

'이제 네 실력으로 숭례문을 멋지게 올려 보아라.'

'천 년 후에도 변하지 않을 숭례문으로 복구해 보아라.'

신응수 대목장은 퍼뜩 정신을 차렸습니다.

'예. 스승님! 알겠습니다. 불타 버린 숭례문 복구 작업을 제 손으로 멋지게 해 보겠습니다.'

뼈대만 남은 숭례문을 바라보며, 신응수 대목장은 굳게 결심했어요.

공부가 제일 쉬웠던 시골 소년

응수는 충청북도와 남도의 경계선, 금강 상류에 자리 잡고 있는 강정 마을에서 태어났어요. 큰 내가 마을을 휘돌며 흐르는 강정 마을은 경치 좋고 인심 좋은 곳이었지요.

응수는 아홉이나 되는 남매 중 여덟째로 태어났습니다. 먹고 사는 게 넉넉하지는 않았지만, 어머니 아버지는 큰 소리로 야단 한 번 친 일 없는 인자한 분들이었지요.

집안 질서를 잡는 일은 큰형이 도맡아 했습니다. 큰형의 말이 곧 법이었습니다. 큰형은 일찍 장가를 가서 응수보다 한 살 어린 자식을 두고 있었어요.

"집안일을 하는 데 나이와 성별은 관계없으니 모두 일어나

움직이도록 해라."

큰형의 말에 따라 형제자매들은 매일 동이 트기 전에 일어났어요.

"큰형은 부모나 마찬가지란다."

어머니 아버지가 자주 하시는 말씀이었습니다.

"너희 둘은 외양간을 청소하고, 너희 둘은 나를 따라와라. 겨울 동안 땔 나무를 미리 해 놓아야겠다."

"예, 큰형님!"

남자 형제들이 외양간 청소를 하고 나무를 해 올 동안, 누이들은 어머니를 도와 부엌일을 하거나 밭일을 했습니다. 온 식구가 모두 나서서 부지런히 몸을 놀렸지만 먹을 것은 늘 부족했어요. 밥상에 오르는 것은 꽁보리밥과 열무김치가 고작이었습니다. 그나마 꽁보리밥도 배불리 먹을 수가 없었어요. 식구에 비해서 논밭이 적었기 때문이지요.

응수는 국민학교* 때도 수업이 끝나면 나무하러 가고, 들판을

* 지금의 초등학교

쏘다녔습니다. 그런데도 늘 1등 자리를 놓치지 않았습니다.

"참 희한하네그려. 집안일 돕느라 공부를 제대로 하지 못하는데도 어째 그렇게 성적이 좋은 것인지."

어머니 아버지는 어린 응수를 보며 말했습니다. 하지만 마냥 기뻐할 수는 없었습니다. 사내아이이고 똑똑하다는 이유로 어렵게 국민학교는 보냈지만, 어려운 형편 때문에 중학교에 보낼 생각은 꿈에도 할 수 없었으니까요.

"난 공부하는 게 제일 쉬워요. 공부는 그냥 저절로 머리에 쏙쏙 들어오거든요. 근데 나무하는 건 그렇지 않아요. 처음부터 끝까지 힘이 있어야 해요."

말은 그렇게 했지만, 응수는 형들을 따라 산에 가는 걸 아

주 좋아했습니다. 아름드리나무들 속에서 오래된 우리 소나무를 볼 때면 가슴이 두근두근 뛰었습니다.

"와, 멋지다! 난 소나무가 정말 좋아."

이런 소리가 절로 튀어나왔지요.

응수는 소나무가 많은 마을에 있는 송정 국민학교에 다녔습니다. 학교에 가려면 한 시간 이상을 걸어야 했어요. 학교 가는 것이 좋았던 응수는 비가 오는 날이 제일 싫었습니다. 비가 조금이라도 많이 오면 강물이 넘쳐 학교에 가지 못하기 때문이었지요.

응수는 특히 산수 과목을 아주 좋아했습니다.

"우리 아버지가 그러시는데 이다음에 커서 돈 많이 벌려면 셈을 잘 해야 한다던데? 응수, 너는 공부도 잘 하고 셈도 잘 해서 좋겠다."

반 친구가 이런 말을 할 때마다 응수는 어깨를 으쓱했어요. 얼른 커서 도시에 나가 돈을 벌고 싶기도 했습니다.

'돈을 많이 벌면 무엇을 할까? 제일 먼저 쌀을 많이 사고, 부모님과 큰형님에게 좋은 옷도 사 드리고, 누나들에게는 예쁜 화장품도 사 주고…….'

응수는 이렇게 상상하며 히죽히죽 웃었습니다.

'그런데 무슨 일을 해서 돈을 벌지?'

그 질문엔 아무 생각도 나지 않았어요. 무엇이 되고 싶다는 생각보다 그저 돈을 많이 벌고 싶다는 생각뿐이었거든요.

그건 반 아이들도 모두 마찬가지였습니다. 국민학교를 졸업하면 대부분의 아이는 집에서 농사를 짓거나 집안일을 도왔습니다. 시골에서 돈을 벌기란 쉬운 일이 아니었어요. 그래서 몇몇 아이들은 국민학교를 졸업하자마자 도시로 나갈 궁리를 하기도 했지요.

"무엇을 해도 끈기와 성실, 완벽을 추구하는 점은 본받을 만해. 응수는 어디에 내놓아도 제몫을 잘 해낼 거야."

국민학교 6학년 때, 응수의 담임선생님은 이렇게 응수를 칭찬했어요.

국민학교 졸업식 날, 응수는 졸업식장에서 2등 상을 받았습니다.

"응수가 1등이 아니네. 우린 응수가 1등인 줄 알았는데."

아이들이 수런거렸어요. 시험을 볼 때마다 1등 자리를 단 한 번도 놓치지 않았던 응수가 정작 졸업할 때는 2등이라는 게 이상했기 때문이지요.

"너는 결석이 많아서 그래. 인생은 성적만으로 평가할 수 없다는 걸 명심해라."

담임선생님이 이렇게 말했지만, 응수의 마음에는 섭섭함과 아쉬움으로 가득 찼어요.

그날 저녁, 응수가 둘째 형에게 불만을 터뜨렸습니다.

"분명히 내가 1등인데, 그깟 결석 좀 했다고 1등이 2등이 된다는 게 말이 돼?"

그러자 둘째 형이 점잖은 목소리로 말했어요. 둘째 형은 국민학교를 1등으로 졸업했지만, 형편이 어려워 중학교에는 진학하지 못했어요.

"응수야, 너무 속상해하지 마. 등수가 중요한 게 아니야."

"그럼 뭐가 중요한데?"

응수의 말에 둘째 형이 다정하게 웃으며 대답했어요.

"뭐든지 자기 자리에서 온 힘을 다해 열심히 하는 게 중요해. 그깟 숫자가 뭐가 그리 중요하겠어?"

응수는 둘째 형의 말을 듣고 나니 마음이 좀 풀렸어요.

그즈음 집안에서는 응수를 중학교에 보낼 건지, 안 보낼 건지에 대해서 한창 의논을 하는 중이었습니다.

"응수가 저렇게 공부를 하고 싶어 하니 중학교는 보내야 하지 않겠어요?"

큰형의 말에 어머니 아버지가 고개를 설레설레 저었어요.

"중학교에 가려면 산을 세 개나 넘어야 하는데 어린 응수가 그렇게 할 수 있겠냐?"

"게다가 그 비싼 수업료는 또 어떻게 하고."

"우리가 열심히 나무를 하고 농사도 지으면, 그깟 응수 수업료 하나 못 마련하겠어요?"

둘째 형의 말에 응수는 깜짝 놀랐습니다. 중학교에 가장 가고 싶어 하는 사람이 있다면 그건 바로 둘째 형일 것입니다.

큰형이 둘째 형을 대견한 듯 바라보았습니다. 그러고는 응수에게 물었어요.

"그런데 응수, 너 그렇게 먼 거리를 다닐 자신은 있는 게냐?"

"예! 다닐 수 있어요!"

응수는 큰 소리로 대답했습니다. 혹시라도 중학교에 다니지 말라는 말이라도 나올까 봐 겁이 났기 때문이지요. 어린 응수는 중학교에 간다는 기쁨에 들떠 있었습니다. 형제 중에 중학교에 가는 건 응수가 처음이었습니다. 누이들은 중학교는커녕 국민학교 문턱에도 가 보지 못했습니다. 여자라는 이유로 어릴 때부터 지금까지 허리가 휘어지도록 집안일과 밭일을 해야만 했지요.

드디어 응수의 중학 생활이 시작되었어요. 응수는 집을 나와 산을 세 개나 넘어 걸어 다녔습니다. 하지만 강물이 불어 학교 가기가 어려울 때를 빼고는 단 한 번도 결석을 하지 않았어요. 몸에 불덩이같이 열이 나는 날에도 응수는 악착같이 학교에 나갔습니다. 형제자매 중 아무도 가지 못한 중학교를 다니니까 누구보다 열심히 해야겠다고 생각했기 때문이지요.

학비는 쌀을 팔아 돈으로 바꿔 냈습니다. 학비를 제때 내지 못해 교실에서 쫓겨나는 일도 더러 있었어요. 그래도 응수는 학교 가는 게 무척이나 좋았습니다.

"난, 공부가 제일 좋아. 평생 공부만 하라고 하면 얼마나 좋을까?"

하지만 그것은 이루어지지 못할 꿈이었어요.

중학교 3학년이 되자 교실 안은 자연스레 고등학교에 진학할 아이들과 못하는 아이들로 나뉘었습니다. 진학반 아이들은 청소도 안 하고 오로지 공부만 했습니다.

"얘들은 장차 고등학교에 입학해 우리 학교를 빛낼 아이들이다."

선생님들의 말씀에 응수는 진학반 아이들을 부러운 듯 쳐다보았어요. 진학반 아이들이 어려운 수학 문제를 풀 때, 응수는 머릿속으로 문제를 풀었습니다.

"이것도 못 풀면 어떻게 시험을 통과할 수 있겠냐?"

수학 선생님이 안타까운 듯 소리쳤습니다. 그럴 때마다 응수는 속으로 빙긋 웃었어요.

'저렇게 쉬운 문제를 왜 손도 못 대고 있지?'

하지만 답을 안다고 해도 아는 척을 할 수가 없었습니다. 쩔쩔매는 아이들을 보며, 선생님은 애간장을 태우고 있었어요. 응수는 못 본 척 얼른 고개를 돌렸습니다. 그러고는 속으로 마음을 다잡았어요.

'어차피 고등학교는 꿈도 못 꿀 일이야. 얼른 졸업해서 빨리 돈을 벌어야겠어.'

꿈을 안고 서울로

'고등학교에서는 도대체 뭘 배울까?'

응수는 아랫목에 뒹굴뒹굴 누워, 까만 교복을 입고 어깨를 쫙 펴고 걷는 자신의 모습을 상상해 보았어요.

"응수야, 뭐가 좋아서 혼자 히죽대고 있냐?"

둘째 형이 문을 벌컥 열며 말했습니다. 응수는 자리에서 벌떡 일어났습니다.

"너 그렇게 빈둥대라고 중학교까지 보내 준 줄 알아? 큰형님이 알면 혼쭐날 테니 어서 나가서 나무 한 짐 해 와."

응수는 지게를 지고 산에 올랐습니다. 산에 오르면 막혔던 가슴이 뻥 뚫리는 듯했습니다.

산꼭대기에 오르니 저 멀리 구불구불 마을을 휘돌아 감아 흐르는 내의 모습이 보였습니다. 겹겹이 늘어선 산들을 보며, 응수는 생각에 잠겼어요.

'서울에 가면 돈을 많이 벌 수 있을 텐데……. 서울은 어디쯤일까?'

'중학교가 있는 병천에 나가는 데도 산을 세 개나 넘어야 하는데, 서울까지는 과연 몇 개의 산을 넘어야 할까?'

'서울에는 어떤 사람들이 살고 있을까?'

응수는 상상의 날개를 펼쳤어요. 그러자 두둥실 구름을 타고 날아가는 듯 가슴 속은 온통 희망으로 가득 차올랐습니다.

'아 참! 얼른 나무를 해야지. 이러다 또 날 저물겠다.'

응수는 허둥지둥 지난겨울 얼어 죽었거나 말라 죽은 나뭇가지들을 꺾어 차곡차곡 지게에 쌓아 올렸어요.

"앗, 왕소나무다!"

응수가 나무하러 다니는 산에는 두 손으로 감싸 안을 수 없을 정도로 큰 소나무들이 많았어요. 마을 사람들은 큰 나무를

함부로 베지 않았습니다. 나무에도 영혼이 있다고 생각했기 때문이었지요.

"너는 정말 잘생기고 멋져서 땔감으로 쓰기는 너무 아깝다. 너는 무엇으로 다시 태어나고 싶니?"

응수는 소나무를 쓰다듬으며 말했습니다.

"난 말이야. 무엇이 되어야 할지, 무엇을 해야 할지 아직 잘 모르겠어."

응수는 소나무를 올려다보았습니다. 몸빛이 불그스레한 소나무는 혼자 보기 아까울 정도로 늠름하고 잘생겼습니다.

"너처럼 멋진 소나무는 멋진 집을 지을 때 쓰면 좋을 것 같다."

그러는 사이 해가 뉘엿뉘엿 지고 있었어요. 응수는 서둘러 지게를 지고 산에서 내려왔습니다. 사립문을 들어서는데 댓돌˚ 위에 낯선 신발이 보였어요. 시골에서는 좀처럼 보기 어려운 검정 구두였습니다.

'누구지? 우리 집에 손님이 올 때도 있네.'

˚집채의 앞뒤에 오르내릴 수 있게 놓은 돌층계

마침 안방 문이 삐걱 열리더니 큰형이 손짓했습니다.

"응수야, 얼른 들어와 봐. 서울에서 목수 일을 하는 사촌 형님이 오셨어."

"서울이요?"

응수는 서울이라는 말에 얼른 지게를 내려놓고 안방으로 뛰어 들어갔습니다. 말로만 듣던 사촌 형이었어요.

사촌 형이 응수를 보더니 싱긋 웃었습니다.

"네가 바로 응수로구나. 만나서 반갑다."

사촌 형은 손을 내밀어 응수에게 악수를 청했어요.

"서울이 그리 복잡하다면서요? 서울 가면 코도 베어 간다는데 그게 정말인가요?"

응수가 물었습니다.

"나도 그럴 뻔했던 적이 한두 번이 아니었지."

사촌 형의 말에 일순간 모두 입을 꾹 다물었어요. 안방 가득 긴장감이 감돌았습니다.

"하하하, 농담입니다! 정신없고 복잡해서 코를 베어 가도 모른다는 얘기지요. 설마 코를 베어 가겠습니까?"

"휴, 그렇다면 정말 다행이구나. 난 정말 우리나라 수도 서울이 그렇게 무서운 데면 어쩌나 했단 말이다."

아버지의 말에 그제서야 모두 손뼉을 치며 웃었어요.

"서울 사람들은 뭘 먹고 살아요? 우리처럼 꽁보리밥에 열무김치를 먹나요?"

응수가 또 물었어요.

"사람 사는 데가 다 똑같지 뭐. 한국 사람이라면 꽁보리밥에 열무김치를 좋아하는 게 당연하지!"

그러자 응수는 궁금한 게 아직 많다는 듯 계속 질문을 퍼부었어요.

"남대문은 가 보셨나요? 우리나라 국보 1호라던데요?"

"남대문이 국보 1호라는 것도 아는 걸 보니 역시 응수는 똑똑하구나. 남쪽에 있는 문이라고 해서 보통 남대문이라고 부르지만 원래 이름은 숭례문이지. 예를 숭상한다는 뜻이란다."

"아, 그렇군요. 숭례문! 이름이 참 멋있어요. 전 남대문, 아니 숭례문을 꼭 보고 싶어요. 사진으로 보니까 엄청나게 크고 멋지더라고요."

응수의 말에 사촌 형이 미소를 띠며 고개를 끄덕였습니다.

"응수, 듣던 대로 영리하고 똑똑하구나. 그런데 너, 공부 잘해서 중학교까지 다녔으니 뭔가 다르게 살아야 하지 않겠니?"

사촌 형이 응수를 빤히 바라보았어요. 순간 응수의 가슴이 콩닥콩닥 뛰었습니다. 사촌 형은 고개를 돌려 큰형에게 말했습니다.

"응수가 그렇게 공부를 잘했다면서요? 응수 같은 애들이 공부를 계속 해야 나라도 발전하고 그러는데 형편이 어려워 그렇게 하지 못하고……. 무슨 방법이 없을까요?"

잠시 생각에 잠겨 있던 사촌 형이 이번엔 응수에게 물었어요.

"너, 나를 따라 서울에 올라갈 테냐?"

응수는 사촌 형을 멀뚱히 바라보았습니다. 다른 식구들도 무슨 말인가 하여 눈을 동그랗게 떴지요.

"제가 응수를 서울로 데리고 올라가 공부도 시키고, 취직도 시켜 주면 어떨까요? 마침, 동사무소 급사 자리가 곧 날 것 같은데요. 동사무소에서 낮에는 일하고 밤에는 야간 학교에 다니면 좋을 것 같은데 말입니다."

'야간 학교'라는 말에 응수의 귀가 번쩍 뜨였습니다.

"학교에 다니려면 학비가 만만치 않을 텐데."

큰형이 걱정스러운 낯빛으로 말했습니다. 중학교 학비도 제때 마련하지 못해 쩔쩔맸던 기억이 났기 때문이었지요.

• 관청이나 회사, 가게에서 잔심부름을 시키기 위해 부리는 사람

"야간 학교는 생각보다 학비가 아주 싸답니다. 게다가 응수가 낮에 일하면 월급도 좀 받을 테니 그것으로 충분할 거예요. 응수, 네 생각은 어떠냐?"

응수는 깊이 생각해 볼 겨를도 없이 얼른 대답했어요.

"형님이 데리고만 가 준다면 열심히 해 볼게요."

"그래? 그럼, 조만간 서울로 올라오렴."

사촌 형은 주소를 적은 쪽지를 응수에게 건네주었어요.

'내가 드디어 서울로 가게 된다. 서울로!'

그날부터 응수는 꿈에 부풀어 서울 갈 날만 기다렸습니다.

'서울은 어떤 곳일까?'

드디어 서울 가는 날이 되었습니다. 부모님과 큰형이 차비를 준비하느라 시간이 좀 걸렸지요. 처음 가 보는 서울, 게다가 서울이란 데는 이곳 강정 마을과는 비교가 안 되게 엄청나게 크고 복잡하다고 하던데……. 그런 생각을 하니 가슴이 콩닥콩닥 두방망이질 쳤습니다.

'호랑이에게 물려 가도 정신만 차리면 살 수 있다고 했어. 서울 사람들이 설마 호랑이보다 더 무섭겠어?'

"너 혼자 잘 갈 수 있지?"

큰형의 말에 응수는 큰 소리로 대답했습니다.

"그럼요! 아무 걱정하지 마세요. 사촌 형님이 주소를 자세히 적어 주었으니 그대로 찾아가면 돼요."

어머니가 짐을 싸기 시작했어요.

"서울 사람들도 된장은 먹을 테니 메주 두 덩어리 넣고. 참! 이 바가지도 요긴하게 쓰일 거야. 물 떠먹고 쌀 씻는 데는 이만한 게 없지!"

어머니는 박을 타서 말려서 만들어 놓은 바가지와 농사지은 잡곡들과 깨, 콩을 주섬주섬 챙겨 넣었어요.

다음 날, 닭이 울기도 전에 응수는 찬물에 보리밥을 말아 후루룩 넘기고는, 깜깜한 시골 길을 걸어갔습니다. 한참 걷다 뒤를 돌아보니 멀리 고향 마을이 희끄무레하게 보였습니다. 어둠 속에서 꼼짝하지 않고 서서 하염없이 손을 흔드는 어머

니 모습이 눈에 어른거렸습니다.

'언제쯤 이 길로 다시 오게 될까? 어려운 기회를 잡았으니 서울 생활을 잘 해야 해. 이 길을 다시 올 때는 꼭 성공해서, 부모님께 자랑스러운 아들이 되어서 돌아올 테야!'

응수는 바가지가 달랑달랑 매달린 자루를 메고 병천 읍까지 걸어갔어요. 꼬박 두 시간이 걸렸습니다. 하지만 두 시간 정도 걷는 일은 아무 일도 아니었어요. 병천 읍에서 버스를 타고 다시 천안으로 가야 했지요. 병천 읍은 중학교 3년 내내 오고간 길이어서 눈에 익었지만, 천안은 달랐습니다. 응수는 한참을 두리번두리번 헤맨 끝에 겨우 표를 끊어 서울 가는 기차에 올라탈 수 있었습니다.

"휴……."

그제야 긴 한숨이 나왔어요.

좁은 기차 안은 올망졸망 보따리를 이고 진 사람들로 가득 차 있었습니다.

'서울역이 마지막 역이니까 잠시 눈을 붙여도 되겠지.'

눈을 감았지만 잠은 쉽게 오지 않았습니다. 서울이라는 도시, 우리나라의 수도. 사람이 많고, 건물도 많다는 서울! 바로 그 서울에서 공부도 하고, 일도 하고, 멋지게 성공하여 고향으로 돌아오는 자신의 모습을 상상하니 절로 웃음이 나왔습니다.

정신없는 서울 생활

잠이 안 올 것 같았지만, 긴장이 풀리자 응수는 자신도 모르게 잠이 들어 버렸습니다. 한참 후, 웅성웅성한 사람들 소리에 응수는 게슴츠레 눈을 떴어요.

"여기는 서울역, 여기는 서울역입니다. 내리실 손님은 짐을 잘 챙겨 내리시기 바랍니다."

안내 방송 소리를 듣자, 응수는 얼른 짐을 챙겨 내릴 준비를 했습니다.

응수는 사람들에 밀려 서울역을 빠져나왔습니다. 서울역 앞은 오고 가는 사람들로 분주하고 복잡했어요.

'눈 뜨고도 코 베어 간다더니 그 말이 맞는 것 같군. 이제부

터는 정신을 바짝 차려야 해.'

열일곱 소년 응수는 복잡한 서울역 앞에 서서 잠시 숨을 가다듬었어요. 높이 솟은 건물들 사이로 저녁 해가 뉘엿뉘엿 지고 있었습니다. 붉은빛으로 물든 서울의 모습이 아름답게 보였습니다. 고향 마을과는 전혀 다른 모습이었지만 그다지 낯설게 느껴지지는 않았어요.

응수는 두리번거리며 전차를 찾았습니다. 조금 기다리고 있으니 멀리서 긴 뱀처럼 생긴 검은 전차가 달려왔어요. 생전 처음 타 보는 전차였습니다. 전차에는 어찌나 사람이 많은지 서 있기도 어려울 정도였습니다.

"대체 이게 무슨 냄새지?"

갑자기 전차에 타고 있던 사람들이 코를 감싸며 소리쳤어요.

"누가 방귀를 이렇게 독하게 뀌었지?"

"방귀 냄새가 아닌 것 같은데?"

사람들이 둘레둘레 돌아보며 말했습니다. 그러다 보따리를 등에 멘 시골 소년 응수를 발견했습니다. 바가지를 주렁주렁

매달고 꼬질꼬질한 자루를 어깨에 멘 촌티 나는 소년이 이상한 듯 손가락질하였습니다. 입을 틀어막고 웃음을 애써 참는 사람들도 있었어요.

응수는 사람들이 쳐다보는 게 부끄러워 고개를 숙였습니다. 얼굴이 확확 뜨겁게 달아올랐지요.

'치, 서울 사람들은 된장도 안 먹나? 우리나라에서 된장 안 먹고 사는 사람 있으면 나와 보라고 해!'

그 생각을 하자 갑자기 용기가 불끈 솟았습니다. 응수는 고개를 뻣뻣이 들고 앞만 쳐다보았어요. 어두운 서울 거리가 보이고, 전차 창문에 어수룩하지만 눈동자가 또랑또랑한 한 소년의 모습이 비쳤습니다.

'내가 드디어 서울에 왔다. 앞으로 나에게 어떤 날이 펼쳐질까?'

이제 사람들의 눈길 따위는 관심이 없었습니다. 오로지 자신의 앞날에만 온 신경이 쓰였지요.

드디어 서대문에 도착했습니다. 서대문에서 다시 전차를 갈

아타고 사촌 형이 사는 아현동에 도착했을 때는 깜깜한 한밤중이었습니다.

사촌 형이 동네 어귀 전봇대 전등 밑에서 응수를 기다리고 있었어요. 다닥다닥 판잣집이 붙어 있는 달동네였습니다.

"잘 찾아왔구나. 응수야, 서울에 온 것을 환영한다."

사촌 형이 손을 내밀어 악수를 청했습니다. 사촌 형의 손을 잡는 순간, 온몸에 붙어 있던 긴장과 피곤이 스르르 녹아내렸어요. 응수는 방바닥에 머리를 대자마자 잠에 곯아떨어졌습니다.

"어린데도 혼자 잘 찾아왔네요. 역시 듣던 대로 영특한 도련님이에요."

사촌 형수의 목소리가 가물가물 멀리 꿈속에서처럼 들려왔습니다.

다음 날부터 응수는 급사 자리가 나기를 기다렸습니다. 하지만 일주일이 지나도록 아무 소식이 없었어요.

그러던 어느 날, 늦은 밤이었어요. 잠에서 깬 응수가 목이 말라 부엌으로 가고 있는데, 안방에서 두런두런 이야기하는 소리가 들려왔어요.

"동사무소 급사 자리가 영 나질 않네. 그 동사무소 급사 아이가 그만둔다고 해서 우리 응수를 서울로 불러들였는데……."

사촌 형의 난처한 목소리가 들리고, 뒤이어 사촌 형수의 목소리가 들렸습니다.

"도련님이 실망할 텐데요."

"나이가 어려 따로 할 일도 없구려. 마땅한 자리가 날 때까지 기다려 보는 수밖에."

사촌 형과 사촌 형수의 대화를 듣게 된 응수는 실망감에 그 자리에 주저앉았어요. 그토록 다니고 싶었던 야간 학교가 눈에 어른거렸습니다.

응수는 빈둥거리며 사촌 형 집에 얹혀사는 게 영 불편했어요. 고향 같으면 산에 가서 나무도 해 오고 농사일도 거들겠지만, 도시에서는 마땅히 할 일이 없었거든요. 고작해야 공동

수돗가에 가서 물을 길어 온다든지, 마당 청소를 한다든지 하는 일들뿐이었습니다.

사촌 형은 한옥 짓는 일을 하고 있었어요. 하지만 일거리가 날마다 있는 게 아니어서 살림이 어려웠어요.

'그냥 고향으로 내려갈까? 사촌 형님네도 살기가 어려운데 계속 이렇게 신세를 질 수는 없어.'

'안 돼! 어떻게 온 서울인데 여기서 포기를 해? 그건 있을 수 없는 일이야. 좀 더 참고 기다려 보자.'

응수의 가슴속에서는 늘 두 마음이 싸우고 있었어요. 하지만 마냥 놀고 있을 수만은 없다고 생각했습니다.

"형님, 저도 형님 일하시는 곳에 따라가면 안 될까요?"

"글쎄, 너같이 어린아이가 할 만한 일이 있을까 모르겠다."

"심부름 같은 건 잘할 자신이 있어요! 힘쓰는 일도 할 수 있고요."

사촌 형을 조르고 졸라 응수는 공사장에 나갔습니다. 응수는 청소를 비롯해 목수들의 양말 빨기, 연장 나르기, 담배 심

부름 등 온갖 허드렛일을 했습니다. 눈치 빠르고 머리 좋은 응수는 시키는 일뿐 아니라, 앞으로 시킬 일까지 미리미리 해 놓기도 했어요.

"이 녀석, 아직 어려서 행동이 굼뜨겠거니 생각했는데 아주 영리하고 손이 빠르네."

목수들이 대견한 듯 응수를 바라보며 말했어요.

심부름을 하는 틈틈이 응수는 연장의 이름들을 죄다 외웠습니다. 또 목수들의 나무 다루는 법도 주의 깊게 살펴보았습니다.

"응수야, 이리 와 보렴."

어느 날 나이 지긋한 목수 강 씨 아저씨가 응수에게 손짓을 했습니다.

"자, 이걸 쥐고 나무에 구멍을 파 보렴."

응수는 강 씨 아저씨가 준 끌을 가지고 아저씨가 시킨 대로 나무에 구멍을 팠습니다.

"이 녀석, 제법인걸?"

강 씨 아저씨가 기특하다는 듯 말했어요. 그 말에 다른 목수들이 하나둘 다가왔습니다.

응수는 땀을 뻘뻘 흘리며 정성껏 구멍을 팠습니다.

"될성부른 나무는 떡잎부터 알아본다더니, 눈썰미가 대단해."

나무에 구멍을 다 파고 나자, 주위에 있던 다른 목수들이 한 마디씩 했어요.

"아니, 너 배운 적도 없는데 어떻게 이렇게 한 거냐?"

"오면가면 어깨너머로 익혔어요. 그냥 아저씨들 손놀림을 따라 해 본 것뿐이에요."

응수는 쑥스러운 듯 머리를 긁적이며 말했어요.

"아냐, 아냐! 넌 나무 다루는 솜씨가 보통이 아니야. 한 번도 배워 본 적이 없는데 이 정도라니, 제대로 배우기만 한다면 큰 목수도 될 수 있겠어."

"큰 목수요? 큰 목수가 뭐예요? 나처럼 이렇게 키가 작은 아이도 큰 목수가 될 수 있어요?"

응수의 말에 응수를 둘러섰던 목수들이 크게 웃었어요.

"이 녀석 농담도 할 줄 아네! 보면 볼수록 물건일세."

그 모습을 보고 사촌 형이 빙그레 미소를 지었어요.

"응수야. 너, 이제부터 심부름은 그만두고, 일을 하나씩 배워 보렴."

응수는 야간 학교에 갈 수 있을 때까지 무엇이든 배워 두어야겠다고 생각했어요. 그리고 나무를 만질 때의 느낌이 참 좋기도 했어요.

"목수에게 연장은 언제라도 쓸 수 있게 준비되어 있어야 해. 연장은 목수와 그만큼 떼려야 뗄 수 없는 관계란다."

그날부터 바쁜 나날이 시작되었어요. 다른 사람들이 모두 쉬는 비 오는 날에도 응수는 연장을 갈아야만 했습니다. 목수들에게는 비 오는 날이 유일한 휴일이었어요. 하지만 응수에게는 일이 더 많아지는 날이었습니다.

'휴, 내가 학교 다닐 때에도 비 오는 날을 무지 싫어했는데, 역시 서울에서도 마찬가지야.'

묵묵히 연장을 가는 응수를 보고 사촌 형수가 물었습니다.

"응수 도련님, 목수가 되기로 마음먹었나요?"

응수는 선뜻 대답할 수가 없었습니다. 아직 목수가 되고 싶은 생각은 없었기 때문이지요. 목수라는 직업은 일도 고되지만, 무엇보다 생활이 불안정했습니다. 수입이 들쭉날쭉 불규칙하고, 그나마 수입이 생기면 목수들은 그 돈을 모두 술값으로 써 버리기 일쑤였어요. 응수는 목수들의 그런 점이 마음에 들지 않았습니다.

"목수들이 왜 술을 그렇게 많이 먹는 줄 아니? 하는 일이 몹시 고되어서 일이 끝나면 술이라도 마시고 푹 자야 그 다음 날 일어나 또 일할 수 있기 때문이란다."

사촌 형의 말을 듣고 응수는 고개를 끄덕였어요. 하지만 그래도 목수라는 직업이 마음에 들지는 않았습니다.

'목수보다는 다른 일을 하는 게 좋겠어. 돈을 조금 덜 벌어도 안정된 직업을 찾아보자.'

응수는 일을 배우다 말고 다른 직업을 찾으러 다녔어요. 서울에서 알게 된 친구와 함께 빈 병 장사도 해 보고 미역 장사도 해 보았지요. 하지만 하면 할수록 별 재미를 느끼지 못했어요. 목수 일은 무언가 만들어 내는 재미가 있었지만, 장사는 그렇지 않았으니까요.

'기술을 배워야 안정된 생활을 할 수 있을 텐데……'

응수는 누워서 이 생각 저 생각을 해 보았어요. 하지만 안정되고 좋은 직장을 찾기는 '하늘의 별 따기'였습니다.

목수의 길

 이것저것 여러 가지 일을 해 보았지만 잘 안 되었어요. 할 수 없이 응수는 고향으로 내려갔습니다. 돈 한 푼 벌지 못하고 고향 집에 내려가게 되어 마음이 납덩이처럼 무거웠어요.
 고향 집에서의 생활은 따분하기만 했어요. 매일매일 똑같은 일의 연속이었거든요. 나무해 오고, 밭 갈고, 소 먹이고, 또 나무해 오고, 밭 갈고, 소 먹이고.
 '매일매일 똑같은 생활이 너무 지루하구나.'
 그러자 사촌 형을 따라 한옥 짓는 곳에서 심부름하던 때가 떠올랐어요. 현장 목수 아저씨들에게 조금씩 일을 배우던 일, 비 오는 날이면 연장을 닦던 일……. 참 이상한 일이었어요.

힘들었던 그때가 왜 자꾸만 떠오르는 걸까요?

나무를 만질 때마다 잘한다고 칭찬하던 목수 아저씨의 목소리도 떠올랐습니다.

"응수야, 너는 손재주도 있고, 눈썰미도 있어서 큰 목수가 될 거야. 물론 그게 다는 아니지만 말이야."

"또 뭐가 필요한데요?"

"큰 목수가 되려면 인내와 끈기도 있어야 한단다."

'그래, 이제부터 내가 할 줄 아는 것, 재미있는 것, 잘하는 것을 선택해 평생의 직업으로 삼는 거야.'

이런 생각이 떠오르자 응수는 벌떡 일어나 큰형에게 달려갔어요.

"큰형님! 저 다시 서울로 올라가야겠어요."

"서울에는 또 왜 가려고?"

큰형이 못마땅한 얼굴로 물었습니다.

"일을 시작해 보려고요."

"서울에 가서 무슨 일을 한다는 거냐?"

"어떻게든 다시 시작해 볼 테니 서울 갈 노잣돈*만 마련해 주세요."

응수의 굳건한 태도에 큰형은 아무 말도 하지 않았어요. 부모님과 큰형은 동네 사람에게 쌀 한 가마니를 빌렸습니다. 그리고는 그 쌀을 팔아 돈을 만들어 응수에게 주었어요. 응수는 서울에 올라오자마자 제일 먼저 대패 두 자루와 망치 한 자루 그리고 끌과 톱을 샀습니다.

응수는 또다시 사촌 형네 집에 신세를 질 수는 없었어요. 그래서 같이 장사했던 친구 집에 얹혀살면서 하루하루를 보내고 있었습니다.

그러던 어느 날, 뜻밖의 사람이 찾아왔어요. 바로 사촌 형의 친구인 박광석 씨였어요. 응수는 박광석 씨를 아저씨라고 불렀어요. 나이 차이가 많이 났기 때문이었지요.

"아저씨, 무슨 일이세요?"

"너, 나랑 함께 일해 보자. 당장 우리 집으로 들어오렴."

*먼 길을 오가는 데 드는 돈

응수는 귀가 번쩍 뜨였어요. 아저씨는 한옥 공사를 하는 목수인데 일거리가 아주 많다는 얘기를 사촌 형에게 들은 적이 있었거든요.

 응수는 당장 연장 가방을 메고 아저씨의 집으로 들어갔습니다.

"그래, 잘 왔다. 내 너의 손재주가 뛰어나다는 얘기를 여러 사람에게서 들었다. 품삯은 얼마를 쳐주면 되겠니?"

"아저씨! 먹고 자는 것만 해결해 주시고, 기술만 배우게 해 주시면 돼요."

응수의 말을 들은 아저씨는 혼잣말로 중얼거렸습니다.

"흠, 배우려는 자세를 제대로 갖췄군. 잘 가르치면 쓸 만한 재목이 되겠어."

그때 마침 서울은 곳곳마다 한옥 공사가 한창이었어요. 목수들이 손을 놓을 틈이 없을 만큼 일거리가 많았습니다. 응수는 아저씨를 따라다니며 열심히 일했습니다.

"내가 일하고 있어, 일하고 있다고!"

응수는 남보다 먼저 출근해서 일하고, 자투리 시간에는 배운 일을 연습하고 또 연습했어요. 다른 사람들이 일을 마치고 돌아간 후에도 남아서 작업 현장 정리를 도맡아 했습니다. 그러다 보니 사고도 자주 일어나 지붕에서 떨어져 어깨 인대가 끊어지는 부상을 당하기도 했어요. 하지만 배울 수 있다는 것, 일을 하고 있다는 것, 돈을 벌고 있다는 것이 매우 기뻐 아픈 것도 잘 몰랐습니다.

그러던 어느 날, 동대문 근처에서 일을 마치고 나니 아저씨가 말했습니다.

"응수야, 너 자전거 탈 줄 알지?"

응수는 고개를 끄덕였어요. 중학교 다닐 때 친구의 자전거를 몇 번 타 본 적이 있었거든요. 그러자 아저씨는 낡은 자전거 한 대를 가져오더니 세 사람분의 연장을 실었습니다.

"나는 들를 데가 있으니 응수, 너는 이 연장들을 우리 집에 갖다 놓으렴."

아저씨는 이렇게 말하고는 택시를 타고 어딘가로 사라졌습니다.

응수는 당황하여 한참 동안 서 있었어요. 자전거를 탈 수 있다고 큰소리는 쳤지만, 사실 혼자서 겨우 탈 수 있는 실력밖에 안 되었기 때문이었지요. 게다가 세 사람분의 무거운 연장을 싣고 마포구 아현동 집까지 가야 한다고 생각하니 눈앞

이 캄캄해졌어요.

연장 무게 때문에 자전거가 앞뒤 옆으로 마구 흔들거렸어요. 응수는 있는 힘을 다해 바퀴를 돌리며 조금씩 앞으로 나아갔어요. 그런데 더 황당한 일이 일어났습니다. 그것은 바로 톱이었어요. 톱이 옆으로 삐죽 나와 있어서 버스 정류장이나 사람이 많은 곳에서는 그냥 지나갈 수가 없었어요. 그럴 때마다 응수는 자전거에서 내려 무거운 자전거를 끌고 걸어갔습니다. 그러면 또 이번에는 뒤나 옆에 있는 차들이 빨리 가라고 경적을 울려 댔지요. 온몸에서 식은땀이 줄줄 흘렀습니다.

'어떻게 하지? 그냥 연장을 버리고 갈까?'

'아냐, 그럴 순 없어. 목수에게 연장이 얼마나 중요한 건데.'

'그렇다면 자전거를 버리고 택시를 타고 갈까?'

별별 생각이 다 떠올랐지만, 그 어느 것도 마땅한 해결책이 되지 못했어요.

몇 시간이 걸려 집에까지 왔을 때 응수의 온몸은 땀으로 흠뻑 젖어 있었어요. 온몸의 힘이 다 빠진 응수는 그만 픽 쓰러

지고 말았습니다. 그리고 곧 깊은 잠에 빠져들었습니다.

응수는 잠결에 아저씨의 목소리를 들었어요.

"응수가 제대로 잘 왔나 보군."

"아니, 도대체 어쩌자고 그 먼 거리를 자전거에 연장까지 실어 보냈단 말이에요?"

아저씨 부인인 아주머니의 놀란 목소리에 아저씨가 껄껄 웃으며 대답했어요.

"이 녀석, 역시 실망시키지 않는군. 응수의 인내심을 시험해 본 거야. 목수 일을 제대로 하려면 인내심이 제일 중요하거든."

응수는 잠결에 미소를 지으며 중얼거렸어요.

'아저씨가 나를 인정해 주셨어, 나를!'

아저씨는 한옥 짓는 일 이외에 문화재 고건축 공사에도 이따금 참여했어요. 문화재 공사는 많지 않았지만, 할 줄 아는 사람도 드물었습니다.

"문화재 고건축 공사?"

응수가 생전 처음 듣는 말이었어요. 응수는 아저씨가 일하는 현장에 가서 문화재 공사하는 모습을 처음으로 보았습니다. 전에는 무심히 보아 넘겼던 고건축 문화재들을 보자 마치 응수의 눈앞에 새로운 세계가 활짝 열린 듯했어요.

응수는 넋을 잃고 손때를 입어 반질반질하게 윤이 나는 나무 기둥과 오랜 세월 동안 약간 내려앉은 처마 선을 바라보았어요. 나무, 돌, 흙 등 자연의 재료를 이용하여 자연과 어우러지게 지은 고건축 문화재들은 우리 조상이 만들어 낸 뛰어난 예술품이었어요. 문양 하나, 문고리 하나에도 아름다움이 느껴졌고, 특히 처마의 선은 말할 수 없이 아름다웠지요.

최고의 기술과 재료로 화려하게 지은 최신 건축물에서는 느낄 수 없는 멋스러움과 아름다움이 느껴졌어요. 고건축 문화재들은 못을 전혀 사용하지 않고 나무와 나무 사이에 홈을 내어 하나하나 짜 맞추는 기술을 이용해 짓기 때문에, 오랜 세월이 지나도 그대로 보존되고 있었어요.

응수는 고건축 문화재를 볼 때마다 우리 조상의 뛰어난 과학성에 감탄사가 절로 나왔어요.

'와, 정말 아름답다! 정말 기품 있다! 정말 편안하다!'

"어떠냐? 목수라면 이런 공사 한 번쯤은 해 봐야 하지 않겠니?"

아저씨의 말에 응수는 화들짝 놀라 대답했어요.

"물론, 해 보고 싶어요! 그런데 저 같은 풋내기 목수에게 과연 그런 일이 가능할까요?"

그러자 아저씨가 응수의 어깨를 꽉 잡으며 말했습니다.

"꿈을 가져, 꿈을! 너에게도 언젠가 기회가 올 테니까."

그때부터 응수의 가슴 속에 우리나라 고건축 문화재를 손보는 목수가 되고 싶다는 꿈 하나가 단단히 자리를 잡았습니다.

첫 번째 스승과의 만남

가을로 접어들면서 일거리가 점점 줄어들었어요. 봄, 여름, 가을 중 비 오는 날을 빼고 나면 일할 수 있는 날은 그리 많지 않았습니다.

"응수야, 일거리도 없는데 너도 고향에 내려갔다 봄에 다시 올라올 거지?"

다른 목수들은 짐을 챙겨 하나둘, 고향으로 내려갔어요.

'고향에 내려가도 딱히 할 일이 없는데……. 그래, 어떻게든 서울에서 다른 일거리를 찾아보자.'

응수는 일거리를 찾아 나서기로 마음을 먹었어요.

그러던 초겨울의 어느 날이었어요. 박광석 아저씨가 응수를 불렀어요.

"일거리가 있으니 얼른 오너라. 와서 심부름하면서 일도 배우면 좋을 것 같구나."

응수가 달려간 곳은 신촌 봉원사 안의 법당˚ 공사 현장이었습니다. 눈이 하얗게 쌓여 있는 마당에서 나이 지긋한 목수들이 한창 나무를 깎고 다듬고 있었어요.

'드디어 내가 우리나라 고건축물 공사에 참여하게 되었어! 무조건 열심히 배우고 또 배우는 거야.'

응수는 그날부터 아침 일찍 마당을 쓸고, 목수들이 씻을 물도 데우고, 연장 정리도 하는 등 온갖 일을 도맡아 했어요. 차가운 냇가에서 목수들의 양말 빠는 일도 스스로 나서서 했습니다. 응수는 선배 목수들이 시킨 일도 묵묵히 잘 해냈어요.

"박광석 씨가 보물을 데리고 왔군, 보물을!"

누군가의 목소리에 응수는 하던 일을 멈추고 고개를 들었어요.

˚ 절에서 승려들이 불상을 모셔 놓고 불도를 닦으며 신도를 모아 불교의 이치를 가르치는 장소

"누, 누구신지요?"

응수는 고개를 숙이고 머뭇거리며 물었어요. 꼿꼿이 서 있는 자세, 상대방을 꿰뚫어 보는 듯한 눈빛으로 보아 평범한 사람이 아니라는 것을 느꼈습니다.

"나이가 몇 살인고?"

"열, 열, 아홉입니다."

응수는 더듬거리며 대답했어요. 누구 앞에서나 당당하던 자신이 이렇게 작게 느껴지기는 처음이었습니다.

"열아홉이라? 이름은?"

"신응수라고 합니다."

"신, 응, 수! 신응수라?"

그러면서 그 사람은 뒷짐을 지고 천천히 다른 곳으로 걸음을 옮겨 갔습니다.

"응수야, 너 저분이 누군지 알아?"

그때 저만치 있던 아저씨가 다가와 물었습니다.

응수는 고개를 절레절레 저었습니다.

"이광규 대목장님이셔. 오대산 상원사 신축 공사를 하신 전설적인 대목!"

그는 목수들 사이에서 까다롭기로 소문난 전통 고건축 대목, 이광규 선생님이었습니다.

"이광규 선생님이 네가 마음에 드시나 보구나. 어지간해선 눈길을 주지 않는 분인데. 너를 바라보는 눈길이 예사롭지 않았어."

"아저씨, 그분 밑에서 배울 수는 없을까요?"

"그분에게 배우고 싶냐?"

"예, 고건축이란 것이 무엇인지 잘 모르지만, 왠지 꼭 배우고 싶어요."

아저씨는 응수의 대답에 껄껄 웃음을 터뜨렸습니다.

"녀석, 꿈도 야무지군. 전설적인 대목 이광규 선생님에게 배우고 싶다? 내 힘껏 노력은 해 보마."

응수의 꿈은 곧 이루어졌어요. 응수는 아저씨의 소개로 이광규 선생님의 제자로 들어가 본격적으로 고건축 목수 수업을 받을 수 있게 되었어요.

"나는 전통 건축 외에는 일절 다른 공사를 하지 않는다."

이광규 선생님의 까다로운 성격은 이미 목수들 사이에 널리 알려져 있었어요. 이광규 선생님은 처음부터 다시 가르쳐 주었습니다.

"끌 쓰는 법부터 다시 배워라. 둥근 나무에 먹줄이 그려진 선을 따라 치수와 각도대로 한 치의 오차도 없이 파야 한다."

그다음에 배운 것은 대패질이었어요. 대패를 쥔 손에 물집이 잡혔다 터지기를 수차례, 굳은살이 박일 즈음이 되어서야 이광규 선생님은 고개를 살짝 끄덕였습니다. 마음에 든다는 표시였지요.

이 두 과정이 완전히 숙달되자 비로소 톱질에 들어갔어요. 이 부분이 가장 어렵고 힘들었습니다. 끌질과 마찬가지로 주어진 각도와 치수대로 켜야 하는데, 대들보가 되는 아름드리나무를 자르고 켤 때는 사나흘 동안 계속 톱질을 해야만 했어요. 쉴 틈 없이 계속 서서 일하다 보니 다리는 퉁퉁 붓고, 팔과 어깨는 빠질 듯이 저렸습니다. 날리는 톱밥 가루 때문에 눈도 제대로 뜨지 못했습니다.

하지만 응수는 한눈 한 번 팔지 않고 톱질을 끝냈습니다. 응수는 톱질하면서 진득하게 오래 참고 견디는 장인의 정신을 함께 배워 나갔습니다.

이광규 선생님은 꼼꼼한 성격에 한 치의 오차도 허용하지 않는 완벽주의자였어요. 무엇이든 대충 넘어가는 법이 없는

선생님 아래에서의 수업은 너무나 힘들었습니다. 하루하루가 긴장의 연속이었지요.

"목수 일에는 교과서가 없다. 그저 남이 하는 것을 보고 배우거나 스승이 하는 것을 눈짐작으로 짚어 나가며 흉내 내 보는 것이야. 그래서 자기 자신이 많이 해 보는 것이 가장 좋은 방법이지."

선생님은 한 가지, 한 가지 철저히 가르쳐 주셨어요. 응수는 선생님이 가르쳐 주신 대로 한눈팔지 않고 열심히 배우고 익혀 나갔습니다. 하지만 공부에 대한 미련이 완전히 사라진 것은 아니었습니다.

'공부하는 건 이렇게 힘들지 않았는데……. 이렇게 힘들게 배워 목수가 되는 길이 과연 좋은 일일까?'

몸이 힘들 때마다 이런 생각이 자꾸만 떠올랐습니다.

스승의 스승을 만나다

목수 일은 늘 있는 것이 아니었어요. 일이 없을 때면 신응수는 여기저기 일거리를 찾아다녔습니다. 송탄에서 미군 막사를 짓고 있는데 이광규 선생님으로부터 다음과 같은 전보가 도착했습니다.

"너와 같이 일했으면 좋겠구나. 나는 지금 숭례문 공사를 하고 있으니 얼른 서울로 올라오너라."

그 말에 신응수는 급히 공사 현장으로 달려갔습니다.

숭례문은 서울의 사대문 중 가장 대표적 성문이었지만 일제에 의해 변형되고 너무나 오랫동안 함부로 방치되어 금방

• 군인들이 거주할 수 있도록 만든 건물

이라도 무너져 내릴 듯 위태로웠습니다. 숭례문 중건* 작업은 문루**와 홍예***를 완전히 해체하여 보수하는 것으로 계획되어 있었어요. 신응수가 도착해 보니 숭례문은 이미 해체가 되어, 남대문 시장 쪽 넓은 공터에 옮겨져 있었습니다.

신응수는 일단 이광규 선생님을 찾아뵙고 정중히 인사를 올렸습니다. 선생님은 60대 가량의 한 남자가 서 있는 곳으로 응수를 데리고 갔습니다.

크지 않은 키에 하얗게 센 머리를 짧게 깎은 다부진 모습, 이목구비가 뚜렷하고 짙은 눈썹의 그를 본 순간, 신응수의 머리를 탁 스치고 지나가는 것이 있었습니다.

'앗, 저분은?'

말로만 듣던 이광규 선생님의 스승이신 고건축의 대가 조원재 선생님이었습니다.

"스승님, 제가 늘 말하던 신응수라는 아이입니다."

*대절이나 궁궐을 보수하거나 고쳐 지음
**대궐이나 성의 문 위에 사방을 볼 수 있도록 다락처럼 지은 집
***문의 윗부분을 무지개 모양으로 반원형이 되게 만든 문

이광규 선생님의 말에 조원재 선생님이 신응수를 뚫어지게 바라보았어요. 신응수는 감히 얼굴을 들 수 없었습니다.

"내일부터 당장 나와서 일해라."

"예? 저……."

"왜? 하기 싫다는 소리냐?"

"저, 그게 아니고……. 급히 올라오느라 연장을 챙겨 오지 않았습니다. 며칠만 시간을 주십시오."

신응수가 기어들어가는 목소리로 대답했어요.

"연장도 없이 왔다고? 그러고도 네가 목수란 말이더냐?"

다짜고짜 조원재 선생님은 버럭 호통을 치셨습니다. 신응수의 얼굴이 화끈 달아올랐습니다.

첫 만남에 호되게 야단은 맞았지만, 기분은 날아갈 듯했습니다. 국보 1호인 숭례문 중수˙ 공사에 참여하게 되었다는 사실, 고건축의 대가인 조원재 선생님에게 일을 배울 수 있다는 사실에 흥분을 감출 수가 없었지요.

˙낡은 건축물을 다시 손질하여 고침

"조원재 선생님은 전통 건축 계승에 중요한 역할을 한 궁궐 목수이시다. 창덕궁 대조전과 희정당을 복원*한 구한말 최원식 선생의 제자였지. 뛰어난 장인으로서 우리나라 최초의 고건축 보수 공사였던 강진 무위사 수리 공사를 하신 분이란다."

언젠가 이광규 선생님에게 들은 조원재 선생님 이야기가 새록새록 떠올랐어요.

'내가 저렇게 훌륭한 분과 함께 일을 하게 되다니!'

신응수는 기쁜 마음으로 숭례문 현장에 짐을 풀고 일을 시작했어요.

"기왕에 목수로 살아갈 바엔 스승님들처럼 큰 목수가 되어 보는 거야!"

조원재 선생님은 이광규 선생님보다 더 까다롭고 고집스럽고 엄격했어요. 그냥 넘어갈 부분까지도 직접 검사하셨고, 자신이 정한 원리원칙에 조금만 벗어나도 불호령이 떨어졌습니다. 공사에 들어가기 전 한 사람, 한 사람씩 일을 시켜 본 후

*원래의 상태로 되돌림

일의 숙련 정도에 따라 일을 시키고, 또 그에 맞는 품삯을 정하는 등 매사에 철두철미했습니다.

 일하는 사람들은 어찌나 선생님을 어려워했는지 선생님 옆자리엔 아무도 다가서질 못했어요. 그건 응수도 마찬가지였지요. 응수는 선생님 얼굴을 똑바로 바라볼 수조차 없어 일하는 중에 간간이 곁눈질로 선생님 모습을 살펴보았어요.

숭례문 공사는 착착 진행되었습니다. 목수들이 모여 끌로 구멍을 파는 망치 소리, 두 사람씩 짝을 지어 나무를 자르고 켜는 소리, 한쪽 구석에 차려놓은 대장간에서 고철을 두드려 못과 연장을 만들기 위해 쇠 두드리는 소리……. 어느 것 하나 아름답지 않은 소리가 없었습니다.

숭례문 아래를 지나가는 사람이나 그곳 정거장에서 전차를 기다리던 사람들은 공사 현장에서 나는 망치 소리를 들으며 잠시 가던 걸음을 멈추기도 했지요.

신응수는 지붕에서 일하며 그런 사람들을 내려다보는 게 참 재미있었어요.

그러던 어느 날이었습니다. 조원재 선생님이 응수에게 물었어요.

"나에게 배우고 싶으냐?"

"예, 스승님."

신응수는 고개를 들지 못한 채 기어들어가는 목소리로 대답했습니다.

이광규 선생님은 시대의 흐름에 맞춰 개방적이고 현대적이었지만, 조원재 선생님은 전통만을 고집하는 까다롭고 철저한 분이었어요. 그래서 그 밑에서 일을 배운다는 것은 여간 힘든 일이 아니었지요.

"대패질부터 해 보아라."

신응수는 떨리는 마음으로 대패질을 시작했어요. 그러나 시작한 지 얼마 되지도 않았는데 선생님이 소리를 쳤습니다.

"그만!"

신응수는 무엇을 잘못했나 하여 고개를 푹 숙였어요. 가슴이 벌렁벌렁 뛰기 시작했어요.

"그건 일본식 대패질이야. 잡아당기는 대패질."

'일본식 대패질이라니?'

처음 듣는 말이었어요.

'대패질에도 일본식이 있고 우리식이 있단 말이야?'

신응수는 눈을 동그랗게 뜨고 선생님을 바라보았습니다.

"우리나라 대패질은 안쪽에서 바깥쪽으로 미는 거지. 이제부터 그렇게 해 보아라."

신응수는 선생님이 가르쳐 준 대로 대패질을 시작했어요. 지금까지 해 오던 습관을 버리고 새롭게 시작하는 일은 정말 힘들었습니다. 세 살 버릇이 여든까지 간다더니, 그 말이 딱

맞았어요. 그런데 처음엔 힘이 들었지만, 차츰 익숙해지자 이전의 대패질보다 훨씬 힘이 덜 들었습니다.

"일본식 대패질로 하면 처음엔 힘이 많이 들어가고 마지막 부분에서 힘이 빠져, 나무가 평평하지 않고 굴곡이 생기지. 반면, 밖으로 미는 우리나라 대패질은 힘이 골고루 분산돼 힘도 덜 들 뿐 아니라 나무도 고르게 깎인단다."

선생님의 설명을 듣고 보니 정말 그랬습니다. 우리나라 대패질로 하니 힘이 훨씬 덜 들고 나무도 고르게 깎였습니다.

어느 날, 선생님이 신응수를 불렀어요.
"가서 종이 좀 사 오너라."

신응수는 선생님이 너무 어려워 어떤 종이를 사 오느냐고 묻지도 못했습니다. 혼자 이 궁리 저 궁리하다가 시장의 지물포에 가서 여러 종류의 종이를 사 왔습니다. 그걸 본 선생님은 빙그레 미소를 짓더니 말했어요.

"이제 이 합판 위에 종이를 붙여라."

신응수는 합판 위에 선생님이 고른 종이를 정성껏 붙였어요.

"초익공˙ 집을 그려 보거라."

'초익공? 초익공이 뭐지?'

신응수는 처음 들어보는 말이라 당황했어요. 무슨 말인지 몰라 종이만 바라보고 멀뚱히 서 있었지요. 여태까지 목수 일을 많이 했지만 건축 양식이나 도면은 전혀 몰랐거든요.

"초익공이라면 한옥의 가장 기본이 되는 양식인데 그것도 모르더냐?"

선생님의 말씀에 응수는 얼굴이 화끈거렸어요.

"목수란 나무를 잘 깎는 손재주만 있다고 해서 되는 게 아니야. 기본부터 잘 익혀야 하는 것이지."

선생님은 잠시 생각에 잠기더니 곧 결심한 듯 말했습니다.

"당장 안암동 우리 집으로 들어오너라."

신응수는 남대문 시장 뒤편에 있는 중고용품점에 가서 제도에 필요한 도구들을 마련한 후 선생님 댁으로 거처를 옮겼

˙지붕과 기둥 사이에 곡선 목재가 정면을 향해 튀어나와 있는 것을 익공, 익공이 하나 있는 것을 초익공이라고 함

어요. 본격적인 대목의 수업이 시작된 것이지요. 낮에는 현장에서 선생님으로부터 실무를 익히고, 밤에는 도면 그리는 법, 건물의 비례, 장인이 지녀야 할 정신과 자세 등을 배워 나갔습니다.

매일 저녁을 먹고 난 후에는 선생님 앞에 앉아 여러 가지를 배웠습니다. 선생님은 실무에 필요한 이론뿐만 아니라 진행 중인 숭례문 중수 공사를 비롯한 건축이나 대목장 역사에 관한 이야기도 들려주었어요.

"내가 가장 안타까운 것은 우리 전통 건축의 맥이 끊어질지 모른다는 사실이다. 선조로부터 물려받은 우리 고유의 전통 건축 공법이 단절될까 봐 몹시 걱정된다. 그래서 나는 너에게 아낌없이 전수하고 싶은 게다."

뜻밖의 말이었어요. 신응수는 자신이 과연 그 일을 해낼 수 있을지 영 자신이 없었습니다.

'하지만 해 보지도 않고 포기할 수는 없지!'

가끔 쉬는 날이 돌아와도 신응수는 집에서 쉬지 않고, 선생

님과 함께 서울 근교에 있는 흥국사로 사찰 답사˙를 갔습니다. 선생님은 건물 기법에 대한 것을 가르쳐 주셨습니다.

공부는 좋았지만, 생활은 힘들었습니다. 아침에 일찍 일어나 마당을 쓰는 일부터 세숫물을 준비하는 소소한 일까지 모두 신응수가 해야 했기 때문이지요. 밤이 이슥해져 잠자리에 들 때도 마음을 놓을 수가 없었습니다. 잠자리에 누워서도 혹시 선생님이 찾으시지는 않나 귀를 세우고 살펴야 했습니다.

'목수로서 내 인생을 걸어 보자. 전통 고건축의 맥을 이어 보는 거야.'

신응수는 그 후, 틈만 나면 청계천 헌책방 거리에 나가 관련 서적을 찾아보았습니다. 하지만 그런 책은 찾기가 어려웠습니다.

그러던 어느 날, 서울 골목을 헤매다 집에 돌아오는 길이었습니다. 할아버지 둘이 두런두런 이야기를 나누고 있었습니다.

˙현장에 가서 직접 보고 조사함

"숭례문을 뜯어 놓았는데 기술자가 없어 다시 세우지 못한다는군. 이거 정말 큰일 아닌가?"

한 할아버지의 말에 다른 할아버지가 말했습니다.

"아니, 그게 무슨 말인가? 지금 우리나라 최고의 목수들이 와서 숭례문을 세우고 있다고 들었는데……."

신응수는 목구멍이 간질간질해 자신도 모르게 소리쳤어요.

"제가 바로 그 숭례문을 다시 세우는 사람이에요!"

신응수의 말에 두 할아버지가 눈을 동그랗게 떴어요.

"젊은이가?"

"예! 제가 우리나라 최고의 궁궐 목수인 스승님들과 함께 숭례문을 다시 세우고 있답니다."

"참으로 훌륭한 일을 하고 있구먼."

"자랑스러운 젊은이일세그려!"

할아버지들의 칭찬에 신응수는 몹시 기쁘고 자랑스러운 마음이 들었어요. 그래서 어깨에 힘을 주고 당당히 걸어갔습니다.

스물아홉 살 부편수

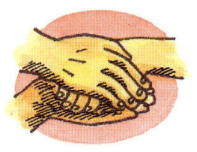

신응수에게 숭례문 공사는 존경하는 두 스승과 함께하는 것이어서 더욱 의미가 깊었어요. 숭례문 공사가 끝나고, 신응수는 우리나라 처음으로 시행된 문화재 수리 기능자 자격증을 갖게 되었습니다.

"이제 앞으로 결혼도 해야 하니까 일을 더욱 열심히 해야겠어!"

신응수는 쉬는 날 없이 일하여 온몸이 아파 잠시 고향에서 쉬기로 했어요. 그런데 몸은 편해도 마음이 불편했습니다.

'몸이 아파도 현장에서 아픈 편이 낫겠어.'

신응수는 욱신거리는 몸을 이끌고 공기 좋고 물 좋다는 오대

산 월정사 공사 현장으로 향했어요. 그리고 몸의 통증을 잊을 정도로 열심히 일했습니다. 처음엔 밤새 앓는 날도 많았는데 시간이 흐르면서 몸의 통증이 거짓말처럼 사라졌습니다. 일해야 한다는 정신력이 병을 이기게 해 주었던 것이지요.

그때 매일 산을 오르내리며 좋은 나무를 찾아 헤맸습니다. 나무를 찾아낼 때마다 신응수의 가슴은 흐뭇함으로 가득 찼습니다. 고건축이란 기술도 중요하지만, 재료가 되는 나무 또한 매우 중요했기 때문이었지요.

그러던 중 이광규 선생님의 편지가 도착했어요.

"남이섬에서 유원지 개발을 시작했어. 사람을 구하고 있으니 가 보거라."

남이섬 개발 공사에서 신응수는 목공 일을 담당했어요. 그곳에서의 3년은 꿈같은 시기였습니다. 넉넉한 보수와 비교적 쉬운 일감, 아름다운 자연환경 속에서 누구의 간섭이나 지시 없이 마음 편히 일할 수 있었으니까요.

신응수는 온갖 관련 자료들을 뒤적여 나름대로 개발한 독특

한 모양의 방갈로와 원두막을 지었습니다. 사람들은 신응수가 지은 방갈로와 원두막을 보고 감탄했습니다.

"와, 한옥의 멋을 살려 편안하고 아늑한 느낌이 드네."

"현대와 고전의 미가 어우러졌어!"

사람들의 칭찬을 들으니 신응수는 힘이 저절로 솟아났습니다.

하지만 마음 한편으로 문화재 공사 시절이 자꾸 떠올랐어요. 전통 고건축의 맥을 이어 보겠다고 결심했던 자신의 꿈을 이루고 싶기도 했지요.

그러던 중 이광규 선생님이 불국사 공사를 한다는 소식을 듣게 되자, 신응수는 과감하게 사표를 냈어요.

"문화재 공사를 하기 위해 이렇게 좋은 일자리를 그만두겠다고?"

주위 사람들이 말렸지만, 신응수의 마음은 이미 불국사에 가 있었어요.

신응수는 주위 사람들의 의아한 눈초리를 받으며 불국사 공

*산이나 바닷가 같은 곳에 지어 여름철에 캠프용, 피서용으로 쓰는 작은 집

사 현장으로 내려갔습니다.

"저도 여기서 일하면 안 되겠습니까?"

신응수는 이광규 선생님께 조심스레 말을 꺼냈습니다. 그러자 선생님의 얼굴에서 환한 미소가 떠올랐어요.

"내 진작부터 너에게 연락하고 싶었다. 그런데 이렇게 네가 먼저 찾아와 주다니, 정말 고맙구나!"

이광규 선생님은 마치 기다렸다는 듯 신응수를 반갑게 맞아 주었어요.

"내가 묵고 있는 방에 짐을 풀어라. 그리고 내일부터 먹을 긋고 목수들을 관리해라."

먹을 그으라는 말에 신응수는 자신의 귀를 의심했어요. 먹을 그으라는 뜻은 부편수˙의 자격을 준다는 뜻이었습니다. 어린 나이에 목수 일을 배우기 시작한 지 12년 만의 일이었습니다. 부편수가 되었다는 것은 또 한편 스승으로부터 인정을 받았다는 뜻이기도 했어요.

˙도편수(대목장) 다음 자리로, 도편수가 그린 설계를 나무에 옮겨 놓는 목수

그간의 고생이 헛되지 않았다는 생각에 신응수는 뜨거운 눈물을 흘렸어요.

'이제 앞으로 대목장의 자리에도 오를 수 있다!'

신응수의 가슴에 모락모락 희망이 피어올랐어요. 스물아홉 살 젊은 나이에 부편수가 되었다는 것은 대단한 일이었지요.

신응수는 선생님께 묻고 배우며 먹을 그어 나갔습니다. 선생님은 작은 나무의 먹 긋는 법부터 일일이 가르쳐 주고 부편수로서의 확실한 역할과 책임도 알려 주었습니다.

"부편수란 혼자만 잘해서 되는 게 아니란다. 전체 작업자들과의 호흡은 물론, 건축 전반에 걸친 모든 것을 알아야 하지."

전국에서 모여든 30여 명의 목수들은 대부분 어린 나이부터 학교 대신 거친 건설 현장에서 살아 온 사람들이었어요. 그래서인지 목수 일에 대한 긍지와 책임감보다는 단순한 밥벌이로 생각하는 사람이 대부분이었어요. 따라서 일의 진행이 매우 더뎠습니다. 일이 계획대로 잘 진행되지 않자 신응수는 속이 바짝바짝 타올랐어요.

'도저히 이대로는 안 되겠어……'

신응수는 단단히 결심하고 목수들을 모두 불러 모았습니다.

"내일부턴 동트기 전에 현장에 나와 주세요. 날이 새기 전에 아침을 먹고 부옇게 동이 틀 무렵이면 일을 시작하겠습니다."

신응수의 말에 목수들은 콧방귀를 뀌었어요.

"흥, 젊은 나이에 부편수가 되었다고 목에 힘 주고 있구먼."

"제 말대로 하지 않는 사람들은 그날로 여기서 나갈 각오를 하십시오. 돈을 받고 일하는 사람이 어떻게 대강 일을 할 수 있단 말입니까?"

신응수의 단호한 말에 목수들은 그만 입을 꾹 다물었어요. 하지만 몇몇 목수들은 신응수 뒤에서 흉을 보기도 했습니다.

"머리에 피도 안 마른 녀석이 우리를 가르치려고 하네!"

"건방진 자식!"

목수들이 더욱 반발하는 것을 보고 신응수는 고민에 빠졌어요.

'방법을 바꾸어 보자!'

이렇게 결심한 신응수는 그날부터 목수들과 많은 대화를 나누었어요. 그들의 이야기에 귀를 기울이고, 입장을 바꾸어 그들의 편에 서서 생각해 보기도 했지요. 그랬더니 목수들도 서서히 마음을 바꾸어 신응수의 말에 귀를 기울이기 시작했어요.

'일만 잘하면 되는 게 아니라 사람과의 관계가 더욱 중요한 것이구나!'

신응수는 그 이후로 목수들과 신뢰를 쌓기 위해 더욱더 노력했어요.

선생님은 신응수가 하는 일에 대해 전혀 참견하지 않으셨습니다. 도리어 모르는 척했습니다. 하지만 선생님은 현장에서 일어나는 모든 일을 파악하고 있었습니다.

불국사 복원 공사를 하면서 석굴암 공사는 담당하지 않았지만, 잠깐 시간이 날 때면 신응수는 석굴암을 기웃거렸습니다. 석굴암은 1912년부터 1915년까지 일제에 의한 대규모 보수 공

사가 있었어요. 하지만 일본 강점기의 복원 공사는 석굴암에 대한 연구나 건축 원리에 대한 이해가 없는 상태에서 콘크리트를 덮어 버린 것이었습니다. 겉으로는 수리된 듯 보였지만 실제로는 석굴암을 복원 불가능한 형태로 파괴한 것이라, 신응수는 몹시 안타까웠지요.

"이걸 보고 느끼는 점이 없느냐?"

신응수는 등 뒤에서 나는 목소리에 깜짝 놀라 돌아보았습니다. 웃음기 하나 없는 얼굴로 선생님이 물었습니다.

"예, 저……. 그러니까……. 문화재 보수, 복원 공사는 철저한 연구 조사를 거쳐야 한다고 생각합니다. 문화재 공사는 한 번 손을 대면 천 년이 지나도 그 모양 그대로 유지할 수 있어야 하는 것이지요."

"그래, 그게 바로 앞으로 네가 해야 할 일이다!"

선생님이 신응수의 어깨를 다독였습니다. 신응수는 새삼 무거워지는 책임감을 느끼며 석굴암 불상을 바라보았습니다.

세 번 눈물을 흘리다

불국사 복원 공사가 한창인 어느 날 아침이었어요. 이광규 선생님이 신응수를 부르더니 큰 소리로 다그쳤습니다.

"장척˚이 어디 있나? 응수, 말 좀 해 보거라."

"어? 어제 저녁까지 분명 여기에 있었는데?"

신응수는 깜짝 놀라 사방을 돌아다니며 장척을 찾았습니다. 하지만 어제까지 썼던 장척은 어디에도 보이지 않았어요.

"어, 어떡하지? 큰일났네!"

신응수의 얼굴이 새파랗게 질렸습니다.

장척을 새로 만들면 아무래도 먼저 썼던 장척과 아주 작은

˚긴 자

오차가 있습니다. 그래서 일이 끝날 때까지 한 개의 장척으로만 써야 합니다.

"장척이 얼마나 중요한지 그것도 아직 몰랐단 말이냐? 그것도 모르면서 네가 목수란 말이더냐?"

선생님은 소리를 지르며 벌컥 화를 냈어요. 심한 꾸지람에 신응수의 두 눈에서 눈물이 쏟아졌습니다.

"처음 공사를 시작할 때부터 일이 끝날 때까지 한 개의 장척만 사용해야 한다는 것도 몰랐더냐? 그따위 정신 상태로 일하려면 당장 때려치워!"

그런데 나중에 알고 보니 그 장척은 일을 잘하지 못해 쫓겨난 목수가 일부러 밤새 잘라 없앤 것이었어요.

'이런 일이 언제 또 일어날지 몰라. 그러니까 처음 장척을 만들 때 아예 똑같은 장척을 두 개 만들어 잃어버릴 때를 대비해 두어야겠어.'

신응수는 한 번 한 실수는 다시는 되풀이하지 않겠다고 다짐했습니다.

그로부터 며칠이 또 흘러갔습니다. 농땡이 부리기로 소문난 노 목수가 신응수의 눈에 들어왔습니다. 노 목수는 힘든 일은 다른 사람에게 시키고 자기는 옆에서 구경만 했어요.

"노 목수, 저 양반은 다른 사람들보다 품삯을 훨씬 더 많이 받으면서 농땡이를 부리네."

신응수는 혼잣말로 툴툴거렸습니다. 그런데 바로 옆에서 일

하던 김 목수가 그 말을 듣고 자꾸 캐물었어요.

"노 목수는 품삯을 얼마나 받는지 말해 주게나. 내 비밀로 함세."

신응수는 그 말을 믿고 김 목수에게 노 목수의 품삯을 말해 주었어요. 사실 부편수는 아무리 절친한 사이라고 해도 품삯에 대해서는 비밀을 지켜야만 합니다.

그날 밤, 김 목수가 술을 잔뜩 먹고 숙소에 들어와 한바탕 소란을 피웠어요.

"어째서 빈둥빈둥 놀기만 하는 노 목수가 나보다 품삯을 더 많이 받는가? 나보다 실력도 없는 노 목수가 어째서 나보다 돈을 더 많이 받는지 얘기해 달란 말이오!"

목수들이 묵는 방이 술렁술렁 시끄러워졌습니다.

"김 목수, 당신이 그걸 어떻게 안단 말이오? 품삯에 대해서는 우리끼리도 잘 모르는 거잖소?"

이 목수가 믿을 수 없다는 듯 물었어요.

"내가 어떻게 알았느냐고? 신응수 부편수가 얘기해 주었소. 그렇지 않으면 내가 그걸 어떻게 알아?"

그 말에 목수들이 수군수군 귓속말을 나누었어요.

신응수는 한밤중에 스승에게 불려 갔습니다.

"너는 누구더냐?"

"예?"

"네가 분명 부편수가 맞더냐? 처신 하나 제대로 못하는 너를 부편수로 삼은 내가 잘못이다."

이광규 선생님은 싸늘한 눈빛으로 크게 꾸지람을 했어요.

'내가 뭐 그리 잘못했다고! 있는 사실을 말한 것도 잘못인가?'

신응수는 혼자 밖에 나가 울었습니다. 그러고는 다음날 아침 일도 나가지 않은 채 목수들이 묵는 방에 누워 있었어요.

'빈둥빈둥 노는 노 목수가 품삯을 더 받는 게 불공평하다고 생각해 말한 것뿐인데……. 이런 상황에서는 더 이상 일을 하고 싶지 않아. 당장 서울로 돌아가야겠어.'

신응수는 벌떡 일어나 스승에게 달려갔어요.

"저, 서울로 올라가겠습니다. 그동안 스승님 예금통장에 맡겨 놓은 제 돈을 찾아 주십시오."

"그래? 네가 꼭 그렇게 하고 싶다면 그렇게 하거라."

이광규 선생님은 신응수를 빤히 바라보더니 차분한 목소리로 말했어요. 노발대발 화를 낼 줄 알았던 선생님이 뜻밖에 순순히 그렇게 하라고 하자, 신응수는 갑자기 힘이 쭉 빠졌습니다.

'나는 그래도 스승님이 가지 말라고 잡아 주실 줄 알았는데…….'

그러자 온몸을 바쳐 성심성의껏 일한 자신을 몰라주는 선생님이 야속하기만 했습니다.

신응수는 방에 들어와 곰곰 생각에 잠겼습니다.

'이대로 스승님과의 인연도 끝이로구나.'

그러자니 지난 일이 떠올랐어요. 무서운 듯하지만 일을 알려 주실 때는 정성껏 가르쳐 주시던 선생님. 일에 대해서는 엄격하지만 일을 떠나서는 너그럽고 관대했던 선생님. 이제 그런 선생님을 다시는 뵐 수 없다고 생각하니 눈물이 앞을 가렸습니다.

점심때쯤, 문이 벌컥 열리더니 천둥 같은 목소리가 들려왔어요.

"뭐 하고 있어? 당장 일 나가지 못해!"

"일을 열심히 잘하는 사람이 품삯을 많이 받아야 한다는 제 생각은 변함이 없습니다."

"그래, 그건 네 말이 맞다. 고쳐야 할 것은 고쳐야 하겠지."

신응수의 말에 선생님이 고개를 끄덕이며 대답했습니다.

신응수는 자신의 생각이 선생님에게 받아들여졌다는 것이 기뻐 부리나케 일터로 달려나갔습니다.

그런데 또 한 번 일이 터지고 말았습니다. 지금의 에버랜드인 용인 자연농원 안에 있는 호암장 공사를 할 때였어요. 신응수가 먹을 잘못 긋는 바람에 식당 칸의 대들보가 두 치˚ 더 길게 만들어지고 말았어요.

˚길이의 단위. 한 치는 약 3센티미터, 두 치는 약 6센티미터

"네가 진정 목수더냐? 내가 너를 그렇게 가르쳤더냐?"

선생님은 화를 벌컥 내시며 여러 사람 앞에서 혼을 내셨습니다. 창피한 것은 둘째 치고 어찌나 무섭던지 신응수는 그 자리에 선 채로 아무 말도 못하고 눈물만 뚝뚝 흘렸습니다.

잠시 후 신응수는 겨우 정신을 차렸습니다.

'실수한 것을 제대로 해 놔야겠어.'

신응수는 선생님이 지켜보는 가운데 몇 시간 동안 톱질을 다시 해 두 치를 줄여 놓았어요.

"무슨 일이든 맨 처음부터 정확히 해야 하고, 또 확인해서 실수가 없도록 해야 한단다."

선생님의 목소리는 언제 그랬냐는 듯 따뜻했습니다.

신응수는 이 일로 다시는 똑같은 실수를 되풀이하지 않았습니다.

그 후로 선생님은 저녁마다 신응수를 불러 앞에 앉혀 놓고 여러 가지 이야기를 들려주었습니다.

"큰일을 할 때는 돈에 연연해서는 안 된다. 눈앞에 보이는 몇 푼의 돈이 더 중요한지, 명예가 중요한지 꼭 생각해 보고 일을 하거라."

신응수는 곰곰 생각에 잠겼어요. 그리고 몇 푼의 돈 때문에 명예를 내던지는 일은 하지 않겠다고 결심했어요.

'까칠한 도편수'라는 별명

　수원화성은 조선의 22대 왕인 정조가 아버지 사도세자를 위하여 지은 성이자 정조가 당파 싸움을 없애고 강력한 왕도 정치를 이루어 내기 위해 지은 것이기도 했습니다. 이러한 수원화성과 부속 건물은 일제 강점기를 지나 한국 전쟁을 겪으면서 성곽과 시설물 등이 파손되거나 손실되었지요.

　"나라의 중요한 공사에 서른다섯 살밖에 안 된 풋내기가 도편수라고?"

　"말도 안 돼!"

　사람들은 고개를 흔들었지만, 신응수는 수원성 장안문 복원 공사의 총책임자인 도편수가 되었습니다. 따가운 시선으로 신응수를 바라보는 사람들도 있었습니다. 겉으로는 아무렇지 않은 척했지만, 신응수도 속으로는 걱정이 되었습니다. 부편수일 때는 그저 스승의 지시대로 주어진 일만 하면 되었는데, 도편수의 자리는 또 달랐습니다. 공사의 잘되고 못됨은 전적으로 도편수의 몫이었어요. 그래서 부담감과 걱정이 이만저만 큰 게 아니었습니다. 하지만 또 한편으로는 세상을 다 가진 것만 같이 기쁘기도 했습니다.

"어차피 해야 할 것이라면, 열심히 해 보자."

신응수는 의지를 불태우고 팔을 걷어붙였어요.

그렇지만 역시 일은 예상했던 대로 만만치 않았습니다. 일꾼들의 식사 챙기는 것에서부터 시작해 현장에서 일어나는 모든 일을 도맡아 해야 했기 때문에 정신이 없었지요. 몸이 열 개라도 모자랄 지경이었습니다.

'하나, 아무리 힘들어도 포기하지 말자. 둘, 이왕 하는 건 제대로 해 보자. 셋, 후세에 길이 남을 최고의 작품을 만들어 보자.'

신응수는 힘들 때마다 주문을 외듯 이 세 가지를 생각하며 견뎌 냈어요. 그리고 매일같이 산에서 내려오는 나무 하나하나까지 숫자를 새겨 빠진 것이 없는지 철저히 확인했습니다.

"일에 관한 한 지독한 사람이야."

"같이 일하기는 정말 어려운 사람이야."

함께 일하는 목수들이 고개를 절레절레 흔들며 말했습니다. 그래서 얻은 별명이 '까칠한 도편수'였습니다.

"'까칠한 도편수'라는 별명, 저도 듣기 싫습니다. 하지만 어쩌겠습니까? 까칠하고 깐깐하게 만들어야 천 년이 지난 후에도 변함이 없는 건축물을 지을 수 있지 않겠습니까?"

그 말에 목수들과 감독자들은 아무 대꾸도 할 수 없었어요. 신응수의 말에 틀린 것이 조금도 없었기 때문이었습니다. 일에 있어서만큼은 누구보다 정직하고 성실하다는 것을 인정할 수밖에 없었으니까요.

"나의 스승이 그랬고, 스승의 스승이 그랬듯이 나도 그렇게 할 겁니다."

단호한 신응수의 말에 목수들은 고개를 끄덕였어요. 그러고는 신응수가 그랬듯 공사 현장의 자기 자리로 돌아가 묵묵히 일하기 시작했습니다.

하지만 어려운 일은 그것뿐만이 아니었어요. 하나의 일을 해결하자 또 다른 어려운 일이 터졌습니다.

"공사 기간을 단축해 주세요."

현장 사무실 감독자의 무리한 요구였으나 신응수는 당황하지 않았어요. 하루에도 몇 시간씩 버스를 타고 전국 곳곳을 돌며 숙련된 기술자들을 찾아내 현장으로 데려와 일을 진행했습니다.

어려운 일이 있을 때면 이광규 선생님을 찾아가 의논을 하기도 했어요. 그리고 자신이 맞다고 확신하는 일은 누가 뭐라고 하던 그대로 밀고 나갔지요.

그런 모습을 보고 문화재 전문 위원이 말했어요.

"신응수 씨, 이리저리 흔들리지 않고 도편수로서의 고집대로 밀고 나가는 점이 참 보기 좋습니다! 당신에게 이 공사를

맡긴 것은 참 잘한 일이에요."

신응수는 수원성 공사를 잘 해내고 싶었어요. 잠깐 눈을 붙여도 공사와 관련된 꿈을 꿀 정도로 그의 머릿속에는 오로지 수원성 공사 생각밖에 없었어요. 하루하루가 고되고 힘든 날이었지요.

수원성 장안문 복원 공사에서 신응수는 도편수로서의 혹독한 신고식을 무사히 치러 냈습니다.

그 후, 신응수는 수많은 고건축 공사에 참여했어요.

경복궁 복원 공사가 시작되자 신응수는 도편수로서 우리 궁궐의 역사를 세우는 중요한 작업에 참여했습니다. 우리나라를 대표하는 정궁 경복궁은 임진왜란을 겪으며 대부분의 궁궐이 폐허가 되었습니다. 1910년 일본에 의해 경복궁 내의 200여 동에 달하던 전각˙이 대부분 헐리고 경회루와 근정전 등 10여 동 정도만 남게 되었지요. 일본은 헐어 낸 전각의 재

˙궁궐

목들을 민간인에게 팔기도 하고 또 좋은 것들은 죄다 자기 나라로 가져갔습니다. 1919년 창덕궁에 불이 나자, 이를 복구하기 위해 경복궁의 여러 전각을 헐어서 창덕궁의 내전을 보수하는 데 쓰기도 하였습니다.

그런 아픈 역사를 가진 경복궁을 바로잡기 위한 복원 공사가 1991년부터 본격적으로 시작되었습니다.

신응수는 경복궁 공사 중에서도 경복궁의 정문인 광화문 공사에 더욱 신경을 썼어요. 광화문은 일제에 의해 원래 있던 자리에서 약간 벗어나 있었어요.

'광화문을 제 모습 그대로, 제자리에 정확히 세우자.'

신응수가 늘 가슴에 품어 왔던 생각이었어요.

2010년 8월, 광화문은 콘크리트 조각을 모두 벗어던지고 조선 시대를 대표하는 목조 건물로서의 제 모습을 되찾았어요. 물론 정확하게 원래의 자리에 세워졌지요. 포개어진 나무 한 켜 한 켜마다 궁궐 목수들의 혼과 땀이 서려 있었습니다.

신응수는 자신의 총지휘 아래 예전의 늠름한 모습을 되찾은

광화문을 보며 활짝 웃었어요.

'자, 이제 내가 할 일은 숭례문 복구이다. 숭례문을 예전 모습 그대로 살려 내는 것이다.'

신응수 대목장은 다시 한 번 마음을 다잡았어요. 그의 나이 어느덧 일흔에 가까워지고 있었습니다.

다시 우뚝 선 숭례문

2010년 2월, 드디어 숭례문 복구 공사가 시작되었어요. 온 국민의 간절한 염원을 담은 숭례문 복구 공사는 신응수 대목장에게도 참으로 뜻깊은 일이었어요. 50여 년 전, 자신을 전통 건축의 길로 들어서게 해 주신 두 스승과 함께했던 숭례문. 그곳은 자신의 꿈을 더 크게 더 높게 키웠던 곳이기도 했습니다.

"숭례문 복구 공사는 우리 민족의 혼을 되살리는 소중한 작업이야. 그러니 최고의 소나무를 찾아야 해!"

궁궐에 쓰이는 나무는 옛부터 강원도 동해안 태백산맥 기슭에서 자란 소나무를 최고로 쳤습니다. 신응수 대목장은 최고의 나무를 얻기 위해 직접 나무를 찾으러 다녔어요. 하나하나

나무를 살피고, 좀 더 좋은 나무를 찾기 위해 산속을 헤매고 다녔습니다. 그렇게 헤맨 끝에 신응수 대목장은 마침내 마음에 드는 우리나라 소나무를 찾아냈습니다.

하지만 나무를 찾아냈다고 해서 마냥 즐거운 것만은 아니었어요. 나무를 다루는 목수라도 150년에서 많게는 300년이 된 고목을 베어 낼 때는 마음이 참 불편했습니다.

"얼른 산신께 고사를 지냅시다."

나무를 베어 낼 사람들이 모두 모여 산신께 고사를 지낼 준비를 했습니다. 돼지 한 마리를 잡아 놓고 떡과 과일을 차려 놓은 후 제를 지내며 축문을 읽었습니다.

고사를 지내고 나자, 신응수 대목장은 도끼를 들고 외쳤습니다.

"어명이요!"

그런 다음 도끼로 쾅! 나무를 내리찍었습니다.

그렇게 세 번을 외치고, 내리 찍고 한 후에 비로소 톱으로

•임금의 명령

나무를 베어 넘겼어요. 궁궐을 복원하기 위해서 하늘의 뜻과도 같았던 임금의 명으로 어쩔 수 없이 베게 되었다는 뜻을 나무에게 알려, 나무의 원혼을 달래 주는 것이었지요.

신응수 대목장이 큰 목수가 되고 싶어 하는 제자들에게 늘 강조하여 말하는 것이 있습니다.

"죽은 나무에 두 번째 목숨을 주는 사람을 '대목'이라고 한다. 수백 년 된 나무를 잘라서 다시 몇 천 년의 생명을 넣어 주는 일은 목수의 사명이야. 훌륭한 목수가 되기 위해서는 무엇보다 나무를 잘 알고 나무를 아끼는 마음이 있어야 해. 집을 지을 때는 천 년 앞을 생각하고 천 년 이상을 버틸 수 있는 집을 지어야 한다."

신응수 대목장은 수많은 장인과 함께 숭례문의 모든 복구 과정을 전통 방식으로 진행했어요. 돌 작업을 할 때도 기계로 자르지 않고, 전통 석제 공구를 이용하여 커다란 돌에 홈을 내어 자르고 일일이 손으로 매끈하게 다듬었어요. 나무로 작업할 때도 마찬가지였어요. 우아하면서 기품 있는 아름다움을 나타내기 위해

못을 사용하지 않고 나무와 나무 사이에 홈을 내어 하나하나 끼우는 전통 방식을 그대로 따랐습니다. 필요한 쇠를 만들기 위해 대장간도 지었어요. 지붕의 기와와 단청, 잡상˙도 원래의 모습대로 되살렸고요. 구조물이 모두 들어서고 단청 작업을 할 때는 천연물감을 만들어 썼어요. 또한 복구 공사에 참여하는 사람들은 모두 조선 시대 옷을 입고 일을 했어요. 숭례문의 역사까지 고스란히 살려 낸다는 숭고한 마음가짐을 잃지 않기 위해서였지요.

2012년 12월, 드디어 숭례문 복구 공사가 끝났습니다. 신응수 대목장의 나이도 어느덧 일흔을 훌쩍 넘어서고 있었어요.

'나를 여기까지 이끌어 주신 스승님! 제가 드디어 숭례문 복구 공사를 마쳤습니다. 두 스승님의 가르침대로 그렇게 지었습니다. 천 년 후에도 그대로 남아 후손들이 볼 수 있도록 말입니다.'

신응수 대목장은 감격의 눈물을 흘렸습니다.

50여 년 전, 두 스승과 함께 공사를 했던 숭례문의 모습과

˙궁전이나 궁궐의 지붕 네 귀에 얹는 장식 기와

2008년 2월 불타오르던 숭례문의 모습이 차례로 떠올랐어요. 그리고 이제 다시 복구된 웅장한 숭례문의 모습이 눈앞에 펼쳐졌습니다.

　신응수 대목장은 함께 복구 공사를 한 동료와 기쁨을 나눴어요.

"잃고 나서야 얼마나 소중한지 깨달았습니다."

"이제부터 온 국민이 숭례문을 지켜 줄 겁니다."

동료의 말에 신응수 대목장은 고개를 끄덕였어요.

다시 태어난 숭례문 앞에서 기뻐할 국민의 모습을 떠올리며 신응수 대목장은 미소를 지었어요.

그리고 이렇게 생각하며 천천히 발걸음을 옮겼어요.

'아직도 내겐 할 일이 많이 남아 있어.'

저 멀리 경복궁이 보였습니다. 경복궁 빈 터에 들어설 궁궐의 모습이 신응수 대목장의 눈에 아른거렸습니다.

더 알고 싶어요

1. 신응수 대목장님의 삶을 돌아보았어요
2. 신응수 대목장님을 만났어요
3. 국보 1호 숭례문에 대해 알고 싶어요

1. 신응수 대목장님의 삶을 돌아보았어요

1942년   충북 청원군에서 아홉 남매 중 여덟째로 태어났어요.

1957년   충남 천안군 병천면 병천중학교를 졸업했어요. 졸업하자마자 서울로 올라와 목수 일을 배웠어요.

1960년   신강수, 박광석의 밑에서 한옥 주택 공사에 참여했어요.

1961년   대목 이광규 선생을 만나 제자가 되었어요. 봉원사 요사 및 종각 공사에 참여했어요. (도편수 이광규)

1963년   두 스승(도편수 조원재, 부편수 이광규)의 밑에서 서울 숭례문 중수 공사에 참여했어요.

1970년   부편수가 되어 불국사 복원 공사에 참여했어요.

1972년   스승 이광규 선생(도편수)과 함께 불국사 복원 공사를 성공적으로 마쳤어요.

1975년   도편수가 되어 수원성 장안문 공사를 맡았어요.

1978년   수원성 장안문 복원 공사를 잘 마쳤어요.

1980년   서울 필동 한국의 집 신축 공사, 경주 안압지 제1·제2·제3건물의 복원 공사를 했어요.

1986년   창경궁 문정전 및 정전 회랑 복원 공사를 했어요. 이후, 수많은 절의

1971년, 불국사 복원 현장에서 목수들과 함께

	대웅전과 한옥 등을 지었어요.
1991년	'중요무형문화재 제74호' 대목장 기능 보유자로 지정되었어요.
1995년	1991년 시작된 경복궁 복원 프로젝트에 참여하여 복원 공사를 했어요. 이때 복원된 곳은 강녕전, 교태전, 경성전, 흠경각 등이 있어요.
1997년	경복궁 자경전과 창덕궁의 정문인 돈화문 보수 공사를 했어요.
1998년	경복궁 동궁 지역 자선당, 비현각, 회랑 복원 공사를 했어요. 단양 구인사 대조사전 신축 공사를 했어요.
1999년	경복궁 경회루의 보수 공사를 마쳤으며, 만해 예술상을 받았어요.
2000년	창덕궁의 인정전 외형각 및 진선문, 숙장문 복원 공사를 했어요.
2001년	경복궁 흥례문과 유화문 및 회랑 복원 공사를 했어요. 덕수궁 중화전과 경복궁 근정전의 보수 공사를 했어요.
2002년	경복궁 태원전의 복원 공사를 했어요.
2009년	옥관문화훈장을 받았어요.
2010년	경복궁의 정문인 광화문 복원 공사를 했어요.
2012년	2008년 2월, 불이 난 우리나라 국보 1호인 숭례문의 복구 공사를 성공적으로 마쳤어요.

* 그 밖에 신응수 대목장은 셀 수 없이 많은 고건축 문화재, 한옥 등을 새로 짓거나 보수 및 복원 공사를 했답니다.

구인사 조사전에서 목재를 다듬고 손질하는 모습

2. 신응수 대목장님을 만났어요

 선생님, 안녕하세요? 선생님이라기보다는 할아버지라고 부르는 게 더 편할 것 같은데요? 선생님은 어떤 호칭을 가장 좋아하시나요?

 선생님도 좋고, 할아버지도 좋아요. 하지만 신응수 대목장이라고 불러 주면 좋겠어요. 중학교 졸업하고 계속해 온 일이 바로 목수 일이니까, 그 호칭이 가장 익숙하고 편해요.

 신응수 대목장님! 그런데 솔직히 말하자면 저는 '대목장'이 무슨 뜻인지 잘 모르겠어요. 참 낯선 말이에요. 목수 일을 하시는 분들을 다 대목장이라고 부르나요?

 하하하, 그런 건 아니에요. 목수 중에서도 궁궐이나 사찰 등 큰 집을 짓는 사람은 '대목', 일반 민가나 가구, 농기구 등을 다루는 사람은 '소목'이라고 해요. 여기서 대목장은 고건축 여러 전문 직종의 으뜸이 되는 대목 분야의 총책임자를 말하는 것이지요. 한마디로 건축계의 총감독이라고 할 수 있어요. 대목장을 도편수라고 부르기도 해요.

 그렇다면 대목장이나 도편수는 비슷한 말이군요. 대목장(도편수)이 되는 건 어려운가요?

 조선 초기에 숭례문을 만든 도편수 중에는 정5품 벼슬을 받은 사람도 있었어요. 그럴 정도로 도편수가 되는 건 정말 어려운 일이었어요. 나라 안에 큰 공사가 생기면 도편수 한 사람을 가리기 위해 전국의 이름난 대목들을 다 불러 모았지요. 거기에서 뽑히기란 마치 하늘의 별 따기와 같았다고 생각하면 될 거예요.

신응수 대목장님이 도편수가 되어 숭례문을 복구하신다는 기사를 보았어요. 그렇다면 신응수 대목장님도 옛날로 따지면 정5품 벼슬을 받을 만한 자격이 있는 거네요.

하하하, 그렇지요. 나로서는 정말 영광입니다. 하지만 도편수는 기술만으로 되는 게 아니에요. 공사 전체를 이끌어 가야 하므로 풍수지리에 대한 지식과 자연과 건축의 조화를 볼 줄 아는 안목, 건축에 대한 철학과 사명감이 있어야 해요. 아 참! 일하는 사람들을 통솔하는 리더십도 아주 중요하지요.

대목장님의 꿈은 어릴 적부터 목수였나요? 아니면 다른 꿈이 있었나요?

내가 태어난 시대는 먹고 살기에 급급해 꿈을 꾸는 건 사치였어요. 그저 세 끼 굶지 않고 사는 게 최고의 행복이었지요. 공부하는 건 좋아했지만 꿈을 가질 여유는 없었어요.

꿈이 없었는데 어떻게 목수의 길로 들어서게 되셨나요?

돈을 벌기 위해 서울로 올라왔는데, 그때 사촌 형님이 한옥 짓는 일을 하고 있었지요. 어린 나이에 아무 것도 모르고 공사판을 쫓아다니다가, 한옥과 고건축 문화재의 아름다움에 매료되어 목수의 길로 들어서게 되었어요.

신응수 대목장님의 멘토는 누구이신가요?

당연히, 나의 두 스승이신 이광규 선생님과 조원재 선생님입니다. 우리나라 대목장의 족보를 알려 줄게요. 나의 스승 이광규 선생님은 조원재 선생님의

135

수제자였어요. 조원재 선생님은, 나는 직접 뵌 적이 없지만 궁궐 목수의 전설이라 불리는 최원식 선생님의 수제자였고요. 당대 최고의 목수인 두 분을 스승으로 모셨으니 나는 최고의 행운아라고 할 수 있죠.

22살 때 조원재 선생님과 함께

 고건축계의 전설이신 두 스승님에 대한 일화를 소개해 주실 수 있나요?

두 분에 관한 이야기는 많지만, 오늘은 한 가지만 들려줄게요. 1960년, 그러니까 지금부터 50년도 더 전의 이야기예요. 조원재, 이광규 선생님 두 분이 환상의 콤비가 되어 덕수궁 대한문을 옮겼어요. 그때 건물을 전혀 해체하지 않고 그대로 뒤로 옮겼다고 해서 '대한문이 걸어갔다!'는 탄성이 쏟아져 나왔지요. 그 자체로 대단한 구경거리여서 1919년 고종의 국상 이후 대한문 앞에 그렇게 많은 사람이 몰려든 건 처음이라고 하더군요.

 목수가 되고 싶은 어린이에게 들려주고 싶은 말씀이 있으신가요? 손재주가 없어도 목수가 되어 궁궐을 지을 수 있을까요?

 가장 중요한 것은 끈기와 노력, 그리고 인내예요. 어려운 일이 닥쳤을 때 피하지 않고, 그 일을 해결하기 위해 끈기와 인내로 노력한다면 무슨 일을 이루지 못하겠어요? 나는 그다지 손재주가 뛰어난 학생이 아니었어요. 하지만 어느 순간 궁궐에 반해, 궁궐을 짓는 목수가 되고 싶다는 꿈을 품었지요. 그리고 그 꿈을 이루기 위해 노력하고 또 노력했어요.

나이가 벌써 일흔을 넘으셨어요. 집에서 편안히 쉬실 나이신데 앞으로 어떤 계획이 있으신가요?

 숭례문 공사는 마쳤지만, 아직도 해야 할 일들이 남아 있어요. 큰일을 마무리하면 고건축 박물관을 건립하고 싶어요. 고건축의 역사와 공법을 한자리에 모아 보여주는 거죠. 고건축에 종사하는 사람들뿐 아니라 일반인들에게도 좋은 배움의 장이 될 수 있을 거라고 믿어요. 실제 문화재에 쓰였던 자료 및 그동안 내가 일하며 터득한 지식과 경험을 남김 없이 보여주고 싶어요. 내 뒤를 따라 목수 일을 하는 사람들에게 큰 도움이 되겠죠? 여러분 중에서도 궁궐 목수가 나오길 간절히 바랍니다.

 마지막으로 우리 어린이들에게 하고 싶은 말씀이 있으신가요?

 요즘 어린이들이 공부 때문에 힘들어하는 모습을 보면 몹시 안타까워요. 인생에 성공한다는 것은 돈을 많이 버는 것도 아니고, 지식을 많이 얻는 것도 아니라고 생각해요. 어떤 일이든 자신이 좋아하는 일, 자신이 선택한 일을 위해 열심히 노력하면 그게 바로 성공이지요. 어린이 여러분! 우리나라 궁궐에 대해 많은 관심을 가져 주세요. 궁궐을 비롯한 우리나라 문화재를 많이 사랑하고 아껴 주세요. 다시는 숭례문처럼 불타오르는 일은 없도록 해 주세요.

숭례문 복구 상량식 현장

3. 국보 1호 숭례문에 대해 알고 싶어요

숭례문이 특별한 이유

숭례문은 조선의 수도인 한양 도성의 정문이었습니다. 그래서 다른 문보다 더 신경을 써서 지었습니다. 1396년 한양 도성과 함께 짓기 시작한 숭례문은 조선의 최고 기술자들이 모여 온 힘을 다해 만들었지요. 숭례문이 완성된 것은 1398년입니다. 남쪽에 있다고 해서 남대문이라고도 불렸습니다.

조선은 유교를 정치, 학문, 도덕의 근본으로 삼았어요. 그래서 인(仁), 의(義), 예(禮), 지(智), 신(信) 등의 다섯 가지 덕목을 중요하게 여겼어요. 이 다섯 가지 덕목을 오상 또는 오륜이라고 해요.

숭례문(崇禮門)에 쓰인 '예'는 사람의 바른 도리와 예절을 뜻하는 말이에요. 그러니까 숭례문은 '예를 숭상하는 문'이라는 뜻이에요. 숭례문은 조선에서 가장 큰 문으로 서울 사람들은 그 문을 자랑스러워했고, 지방 사람들에게는 한 번 보고 가면 큰 자랑거리가 되었답니다.

한양 성곽의 사대문과 사소문

한양 도성 성곽의 길이는 약 18킬로미터입니다. 이 성곽의 동서남북에는 큰 문과 작은 문을 각각 네 개씩 설치했어요. 이를 사대문네 개의 큰 문과 사소문네 개의 작은 문이라고 해요.

사대문은 숭례문(남대문), 흥인지문(동대문), 숙정문(북대문), 돈의문(서대문)이고, 사소문은 혜화문(북동쪽, 동소문), 소의문(남서쪽, 서소문), 광희문(남동쪽, 남소문), 창의문(북서쪽, 북소문)이에요.

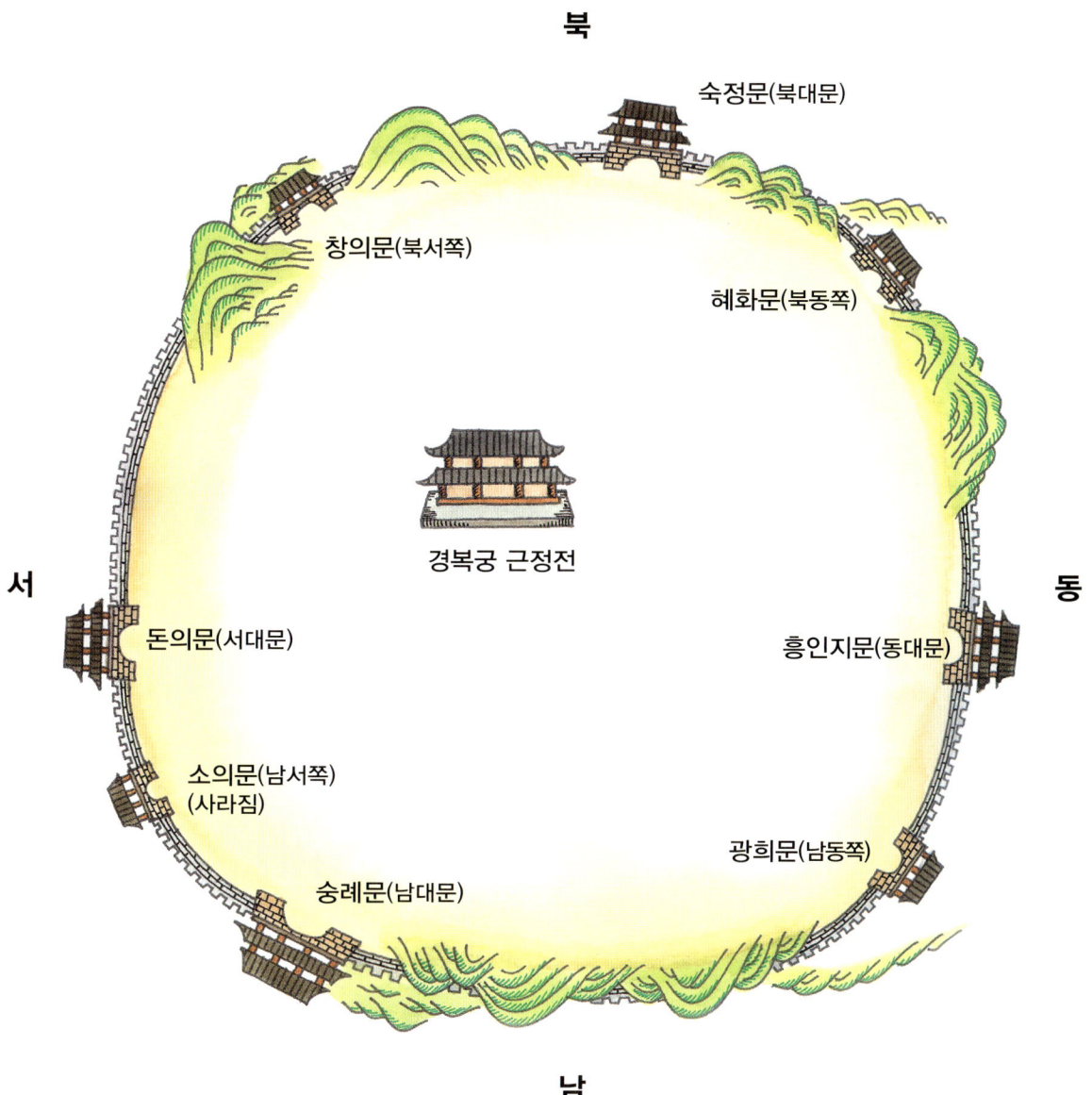

139

숭례문 자세히 보기

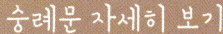

우진각 지붕 지붕의 네 모서리가 처마 끝에서 경사지게 오르면서 중앙 정상에서 합쳐지는 지붕이에요.

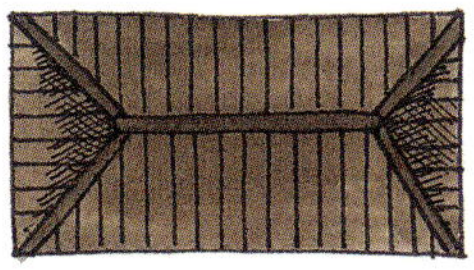

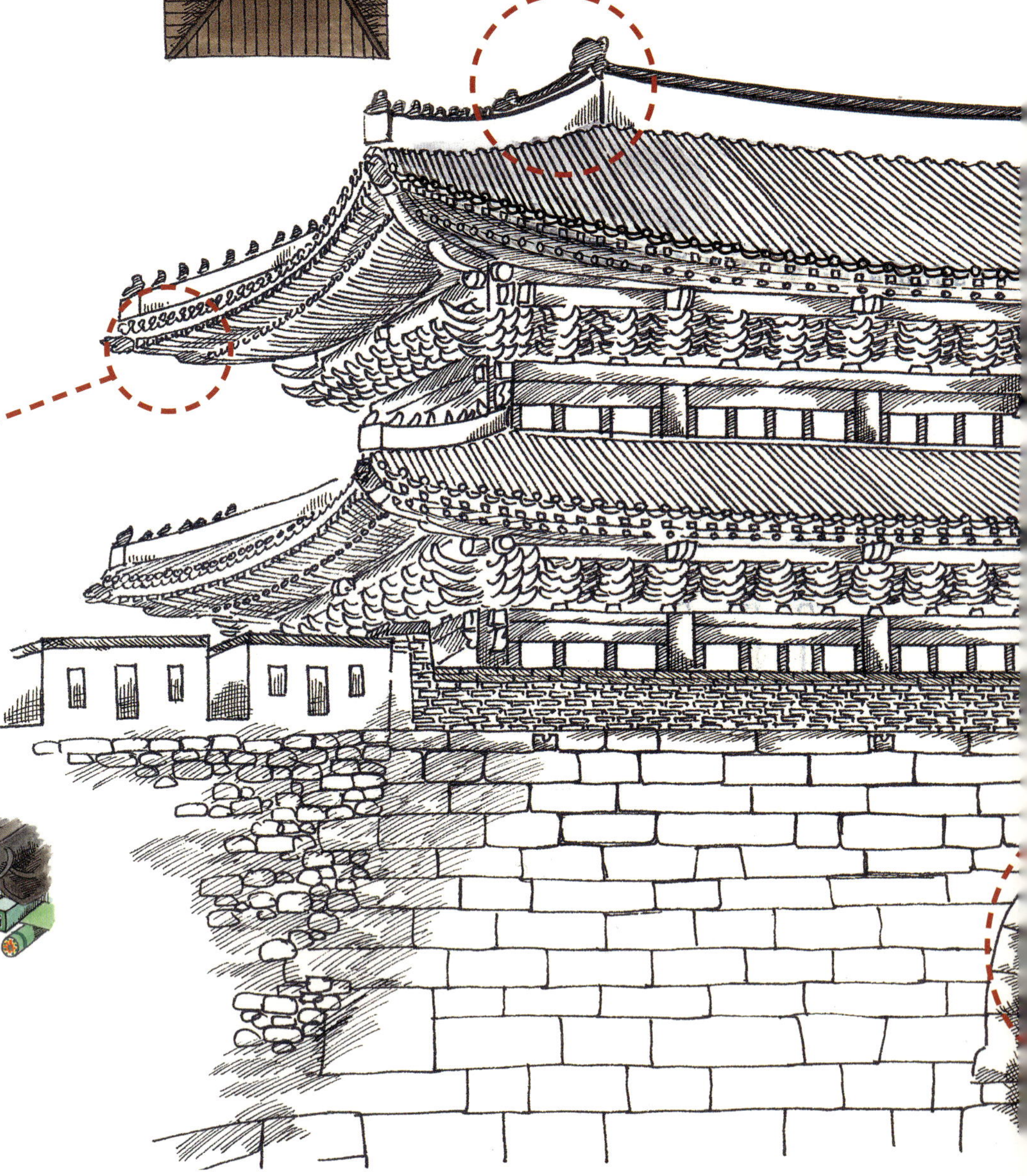

겹처마 지붕이 건물보다 앞으로 튀어나온 부분을 처마라고 하는데, 숭례문 지붕의 처마 끝에는 서까래 위에 짧은 서까래를 덧대어 겹처마로 만들었어요.

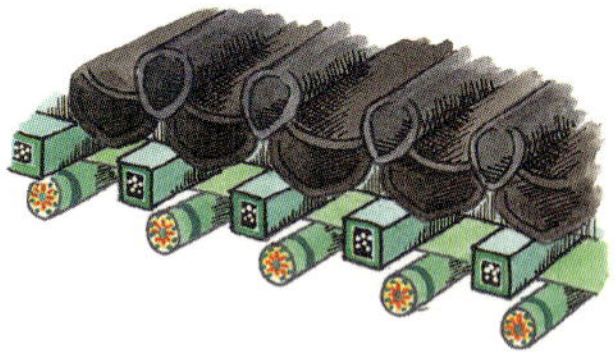

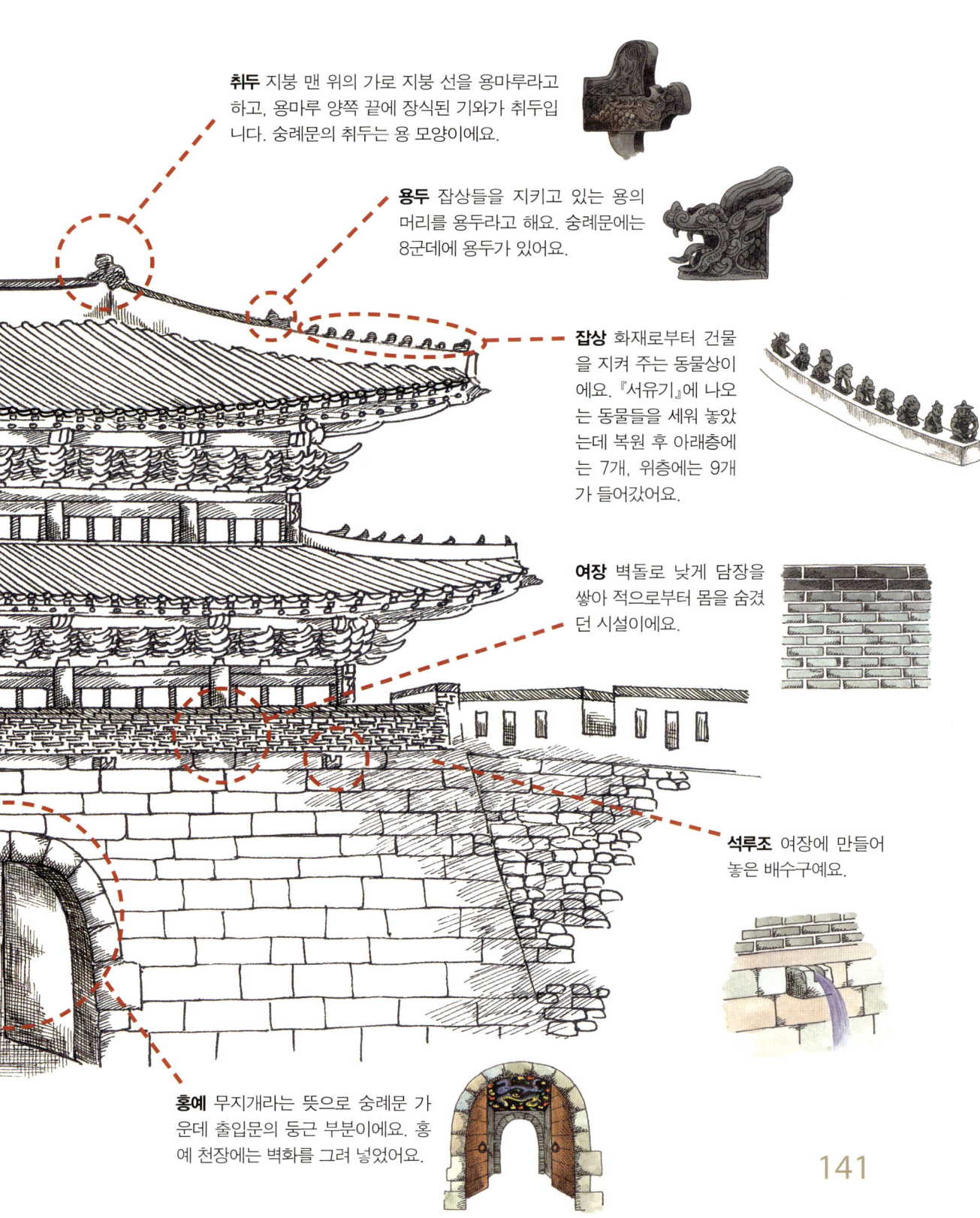

취두 지붕 맨 위의 가로 지붕 선을 용마루라고 하고, 용마루 양쪽 끝에 장식된 기와가 취두입니다. 숭례문의 취두는 용 모양이에요.

용두 잡상들을 지키고 있는 용의 머리를 용두라고 해요. 숭례문에는 8군데에 용두가 있어요.

잡상 화재로부터 건물을 지켜 주는 동물상이에요. 『서유기』에 나오는 동물들을 세워 놓았는데 복원 후 아래층에는 7개, 위층에는 9개가 들어갔어요.

여장 벽돌로 낮게 담장을 쌓아 적으로부터 몸을 숨겼던 시설이에요.

석루조 여장에 만들어 놓은 배수구예요.

홍예 무지개라는 뜻으로 숭례문 가운데 출입문의 둥근 부분이에요. 홍예 천장에는 벽화를 그려 넣었어요.

숭례문의 역사

- **1396년** 숭례문 창건(조선 태조 5년): 조선의 관문이자 의례를 거행하던 중요한 장소였어요. 전쟁이 벌어졌을 때 싸우러 나가는 군사를 배웅하고, 중국으로 가는 사신을 배웅하던 곳이었으며, 왕이나 왕대비가 돌아가셨을 때도 숭례문을 통해서 나갔고, 왕이 서울을 떠났다가 돌아올 때도 신하와 백성이 맞이하던 곳이었지요. 중국에서 온 조서_{임금의 명령을 사람들에게 알리려고 적은 문서}를 받는 곳도 바로 숭례문이었어요.

- **1398년** 숭례문 완성(조선 태조 7년)

- **1907년** 일제가 숭례문과 연결된 성곽_{적을 막기 위하여 흙이나 돌로 높이 쌓아 만든 담}을 헐고 전찻길과 도로를 내고 일반인의 통행을 막았어요.

- **1962년 12월 20일** 국보 제1호로 지정되었어요. 현존하는 서울의 목조 건물 중 가장 오래된 건물이기도 해요.

- **2005년** 100여 년 동안, 달리는 차들과 높은 빌딩에 둘러싸여 외딴 섬처럼 외롭게 서 있던 숭례문은 주변 차로를 정리하고 공원을 꾸미는 공사를 통하여 다시 사람들이 가까이에서 볼 수 있게 되었어요.

- **2008년 2월 10일** 화재로 2층 문루가 소실되고 1층 문루 일부가 불에 탔어요. 홍예문과 석축은 남았어요.

- **2012년 12월** 조선 초기의 소박하고 강직한 모습으로 복구했어요. 못을 쓰지 않고 전통 방식을 사용하여 깎고 끼우고 맞추고, 지붕의 기와와 단청, 추녀 지붕의 잡상도 원래의 모습대로 되살려 복구했답니다.

청어람미디어 세상을 바꾼 작은 씨앗 시리즈

작은 씨앗 ①
고추 아저씨 발명왕 되다
고추왕, 발명왕을 넘어 통일의 씨앗이 된 유쾌한 농부 이해극 이야기!
2007 문화관광부 우수교양도서
2007 행복한 아침독서 추천도서

박남정 글 | 김주경 그림 | 128쪽

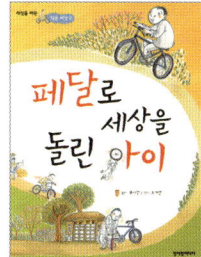

작은 씨앗 ②
페달로 세상을 돌린 아이
자전거 하나로 우리나라를 제패한, 행복한 자전거 선수 엄복동 이야기!
2007 경기도학교도서관사서협의회 권장도서
2008 행복한 아침독서 추천도서

표시정 글 | 조가연 그림 | 136쪽

작은 씨앗 ③
물고기 소년 과학자 되다
우리 해양 과학사에 빛나는 『현산어보』를 남긴 조선 최초의 해양 과학자 정약전 이야기!
2008 문화관광부 우수교양도서
2008 행복한 아침독서 추천도서

전신애 글 | 이진우 그림 | 128쪽

작은 씨앗 ④
책벌레 소년 외교관 되다
조선 최고의 만능 외교관이자 독립운동가 이동춘 이야기!
2008 어린이문화진흥회 좋은 어린이책 선정
2009 행복한 아침독서 추천도서

표시정 글 | 허구 그림 | 144쪽

작은 씨앗 ⑤
꺼지지 않는 사랑의 등불 김수환 추기경
언제나 낮은 곳을 향해 따뜻한 눈빛과 손길을 보낸 사랑의 등불, 김수환 추기경 이야기!
2010 어린이문화진흥회 좋은 어린이책 선정

김윤정 글 | 허구 그림 | 136쪽

작은 씨앗 ⑥
호기심 소년 안철수 창의적 리더가 되다
가장 본받고 싶은 창의성 롤 모델,
한국을 빛낸 파워 브레인 안철수의 꿈과 노력을 담은 성장 이야기!
2011 행복한 아침독서 추천도서
전병호 글 | 박영미 그림 | 120쪽

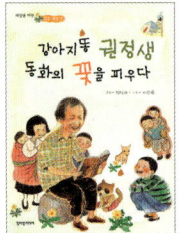

작은 씨앗 ⑦
강아지똥 권정생 동화의 꽃을 피우다
고단한 삶 속에서도 우리글로 쓴 아름다운 동화를 통해
평화로운 세상을 꿈꾼 동화 할아버지 이야기!
2012 행복한 아침독서 추천도서
전신애 글 | 이상권 그림 | 136쪽

작은 씨앗 ⑧
김점동 조선의 별이 된 최초의 여의사
사랑과 헌신으로 조선을 돌본,
별처럼 빛나는 우리의 자랑스러운 의사 선생님 이야기!
2012 행복한 아침독서 추천도서
박혜선 글 | 고순정 그림 | 108쪽

작은 씨앗 ⑨
책바보 한창기 우리 문화의 뿌리 깊은 나무가 되다
세상에서 책이 제일 좋아 오로지 책만 생각하며 살았던,
한글과 우리 전통문화의 가치를 알리고자 평생을 바친 책바보 이야기!
김윤정 글 | 이상권 그림 | 140쪽

작은 씨앗 ⑩
한복 디자이너 이영희 우리 옷에 날개를 달다
박제된 한복에 혼과 열정을 불어넣은 우리 시대의 장인이자
우리 옷의 아름다움을 세계에 알린 자랑스러운 패션 디자이너 이야기!
전신애 글 | 김경신 그림 | 144쪽

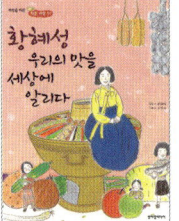

작은 씨앗 ⑪
황혜성 우리의 맛을 세상에 알리다
땀과 열정으로 우리 음식을 살려 낸 인간문화재,
사라져 가는 우리 음식의 가치를 세계에 알린 궁중음식연구가 이야기!
박혜선 글 | 이장미 그림 | 144쪽